JN060871

# 罪洗われ、待ち望む

神に忠実でありたいと願うゲイ・クリスチャン　心の旅

ウェスレー・ヒル［著］
岡谷和作［訳］

いのちのことば社

Washed and Waiting

Wesley Hill

Washed and Waiting, Updated and Expanded Edition

by Wesley Hill


Published by arrangement with
HarperCollins Christian Publishing, Inc.

## まえがき

# ゲイ・クリスチャンに託された賜物

十三歳の夏の出来事でした。家に向かうバスの中で、クラスメイトが数列前の席に座っているのに気づきました。彼とはあまり会話を交わしたことがありませんでしたが、そのたびに、彼の優しい笑顔に惹かれていたことを覚えています。彼の真っ黒な瞳、華奢な体つき、日焼けした肌にも、私は魅力を感じていました。そして、斜めに差し込む午後の暖かい光を浴びた彼の後ろ姿を見ているうちに、私は初めて自分の感情に気づいたのです。「これって……恋？　僕、ゲイなのかな？」

小さい頃から私は「自分はクリスチャン、イエスを信じて従うんだ」という強い意識を持っていました。しかし、特に思春期以降は、同性に対する望まない欲求を感じるようになりました。クリスチャンでありながらゲイでもある私。この二つの現実の狭間で、私は十年間、密かに葛藤し続けたのです。葛藤に疲れ、情欲に身を委ねても、感じるのは解放ではなく、むしろ自責の念、恥、虚しさだけでした。仕事帰りにゲイバーに立ち寄っても、入る勇気がなく、ただ店の前で祈ったことを覚えています。また、衝動的にゲイ向けのマッチングアプリをダウンロードしても、メンバー登録すらせずにアプリを削除しました。自分がゲイであるということは、もはや疑う余地もありませんでした。しかし欲望の赴くままに生きることは、自分の今まで歩んで来た道や価値観を放棄することを意味しました。また、私はどうしても聖書の同性愛に関する記述を許容的に解釈することも、同性婚を神から自分に与えられた選択肢として捉えることもできませんでした。

信仰が成長しても、異性に対する興味は一向に湧きませんでした。女性との交際を試みたこともありましたが、関係はいずれも破局を迎えました。みことばや祈り、礼拝やクリスチャンとの交わりを通して神との関係が深まっても、自分がストレートではないという現実は変わらなかったのです。

自分がゲイであると初めて自覚したときから十年が経った、二〇一五年の冬。私は数年勤めた会社を辞め、宣教師の訓練学校に進むことに導かれました。そして、訓練の一環で訪れたタイ・チェンマイの山間部を走るバスの中で、私は『*Washed and Waiting*』を初めて読みました。そのときに感じた衝撃的なまでの共感を今でも覚えています。ウェスレー・ヒルの本には、自分の葛藤が鮮明に映し出されていたからです。私は、この本を通じて、「一人じゃなかったんだ」という強い慰めを得ることができました。

ウェスレー・ヒルは本書で、ゲイのクリスチャンの「傷をいいかげんに癒やす」ことはしません。一方で、聖書の性倫理を再解釈し、性的表現を許容することは、それまでの信仰の歩みと培われた価値観を放棄することを意味します。しかし他方で、終末的な完全な癒やしを現在において約束することは現実の体験に対する無知であり、当事者に絶望を与えかねません。ヒルは、刃の縁を歩くが如く、この両極の罠を避けています。

独身を貫くゲイのクリスチャンにとって、葛藤は抱え続けるものかもしれません。性的な親密さへの願いは消えず、それが満たされることもないからです。しかし、この本において、それは欲求の抑圧ではなく、むしろその昇華を意味します。より正確には聖化とも呼べるかもしれません。なぜなら、ヒルはそのような葛藤自体をも神へのささげ物と見なしているからです。多くの人にとって恥の原因である同性に対する欲求でさえ、祭壇に献げられたときに聖なるものとされるのです。この考え方は、ゲイのクリスチャンの苦しみに深い意味と尊厳を与えます。さらに、ヒルは読者を自己憐憫の内に取り残すことはしません。多くの場合、「独身」と「孤独」はイコールですが、ヒルは独身を貫くゲイのクリスチャンの読者を、教会のコミュニティにおける親密な交わりと友情の希望へと導くのです。

人生の分かれ道に立ったときに、私がこの本と出会ったことは、神の摂理によるものだと確信しています。この本は、私の個人としての信仰生活においてだけでなく、宣教師としての進むべき方向にも大きな影響を与えました。初めて本書を手にしたときからの八年間で、私は数多くのゲイやレズビアンのクリスチャンと出会う機会があり、その都度、この本を通じて自分に与えられた励ましを分かち合ってきました。さらに、ＬＧＢＴコミュニティの中にいるまだキリストを知らない人々に神の愛を届ける活動に踏み出すきっかけともなりました。

本書は、ゲイ・クリスチャンの成長の助けとなるだけでなく、ストレートの信者を含む教会全体に対しても挑戦を投げかけます。ヒルが主張しているように、ゲイの信徒に教会コミュニティの中で親密な交わりが約束されているならば、教会には彼らに交わりと居場所を提供する責任があると言えるからです。ゲイの信徒がキリストのからだの一部分であるなら、残りの部分は「あなたは属さない」と言ってはなりません。神がゲイのクリスチャンに託した賜物を教会としてともに求めるべきでしょう。

『*Washed and Waiting*』の日本語訳が、日本のゲイのクリスチャンにとって励みとなり、また自らの経験を恥じずに共有できる空間が生まれるきっかけとなることを願っています。そして、日本のゲイのクリスチャンが直面する独自の課題に取り組むためのムーブメントの口火となることを祈ります。

二〇二三年十一月

藤橋　仰

# 日本語版への序文

ウェスレー・ヒル

本書は、意識的な選択としてではなく、十代前半に同性にしか性的魅力を感じないことに気づいたクリスチャン青年の証しです。私がその青年でした。私はその経験を、聖くない行動への誘惑として理解していました。そのような望まない経験をする中で、クリスチャンとして忠実に生きること、その意味を知るための助言を必死で探していました。その旅路については、この後のページで詳しく記しています。

しかし、残念ながら役に立ちそうな情報は当時ほとんど見つかりませんでした。私は、「政治的正しさ」の点数稼ぎではなく、キリストの弟子として歩むための実践的指針が記されたものを読み、そのような声を聞きたいと願っていました。私の置かれた状況において、悔い改めと希望に満ちた信仰の旅路を歩むことの意味を考える助けとなる説教や本を探していたのです。しかし残念ながら、見つけたものの多くは手っ取り早い解決策や安直な美辞麗句を並べたものばかりでした。

多くのクリスチャンにとって、選択肢は両極端のように思われるでしょう。同性への性的指向が異性へと転向し、異性と結婚して子どもをもうけ、「普通」のクリスチャン生活を送るようになるか、聖書とキリスト教伝統の解釈を修正し、同性との性的関係を追求するかのどちらかです。しかし、この二項対立的な選択肢がどちらも不適切だと感じるのはなぜでしょうか。その代わりに、変わらない、「癒やされない」同性への性的指向を経験し続けながらも、異性や同性との性的関係を求めるのではなく、自身のセクシュアリティを神に委ね、神の前に忠実に生きる方法として、意図的な独身生活と禁欲を追求することは、何を意味するのでしょうか。それが、本書が探求する問いです。

クリスチャンの信仰と同性愛に関するこれらの考察が、日本という私とはまったく異なる文化的・教会的背景において役立つことを祈ります。日本にも、他の国と同じように、異性ではなく同性に惹かれる敬虔なクリスチャンがいます。そのような当事者の方々の疑問や葛藤が私とはどんなに違っていても、この本がしばしば孤独になりがちな旅路の伴侶となることを願っています。私の巡礼の旅路に出会ってくださった復活の主が、皆様と、そしてあなたとともに歩み、支えてくださいますように。

# 目次

まえがき
ゲイ・クリスチャンに託された賜物　藤橋 仰　3
日本語版への序文　ウェスレー・ヒル　8
導 入　12
《前奏》罪洗われ、待ち望む　24
第1章　物語に形づくられる人生　59
《間奏》美しい傷跡　99

第2章　孤独の終焉　113
《後奏》汝は稲妻、そして愛　153
第3章　神が与える栄誉　165
罪洗われ、今なお待ち望む
《補遺》同性愛に対する福音派のアプローチ　198
訳者あとがき
破れ口に立つヒルの決意　226
《注》　253

# 導　入

高校に入学する頃には、二つのことが明らかになっていました。一つは私がクリスチャンであることです。両親は私を、イエスを信じる者として育ててくれました。そして家族から自立していく中でも、私はそのままでありたいと願っていました。「私たちと、私たちの救いのために」十字架につけられ、死からよみがえられたキリストを信頼し、愛し、従いたいと思いました。もう一つは、私がゲイであるということです。物心ついたときから、すでに幼少期の頃から私は戸惑いを感じながらも他の男性に漠然と惹かれていました。そして思春期になってからは、常に、強く、絶え間ない、同性だけに性的に惹かれる感情を持っていることに気づいたのです。

この自己発見のときから、どうすれば同性に惹かれるクリスチャンとして誠実に生きられるのかを毎週考え、悩んできました。私はその最も困難な時期に、自分の助けとなる記事や本を探しました。他のゲイのクリスチャンによる、同性愛と福音の要求との間の激しい個人的な葛藤から生まれた、いわば「炉の中」で書かれたような本で、私が指針を得ることができるものを探しました。私は、聖書の中で同性愛を扱っている箇所を論じた何十、何百もの学術的な論文や本も発見しました。学術誌や百科事典には、同性愛の精神的分析、社会的・遺伝的な起源に関する数え切れないほどの研究が掲載されていました。歴史学や社会学の本には、様々な文化や時代が、性的欲求を抱く人々をどのように表現し、対処してきたかが詳しく書かれていました。しかし、ゲイの人間として、キリストにあって他者とともに神の前に忠実に生きようとする中で生じる混乱、嘆き、勝利、悲しみ、喜びなどを、ことばにしようとした本には出会えませんでした。これは、そのような本を書こうとする私の試みです。*

私の物語は、私と同じ「同性愛のクリスチャン」という呼称を持つ人々が語る他の物語とは大きく異なっています。教会の多くの人々（福音派の教団よりも主流派の教団の中では特に）は「同性愛的聖さ」の物語を語っています。これらの物語の作者は、キリストへの深い信仰を公言し、まさにその同性愛の実践の**中で**、また**それを通して**、力強い聖霊体験をしたと主張するのです。このようなクリスチャンによれば、彼らの同性愛は聖さの表現であり、彼らの人生における神の恵みの象徴であり、通り良き管なのです。[1] 反対に私自身の物語は、同性愛によって霊的に助けられたというより、妨げられていると感じた物語です。別の言い方をすれば、私の物語はキリスト教会が何世紀も通してほぼ普遍的に貫いてきた立場（つまり同性愛は神が人類に与えた本来の創造的意図ではなく、罪によって人間の性質と人間関係が壊れてしまった結果の悲しい兆候であり、同性愛の実践はすべての人間、特にキリストを信じる人間に対する神の啓示された意志に反するということ）の真実性を証しするものです。

しかし、私の物語は、教会の他の多くの人々、おもに福音派の人々が語る物語とも異なっています。ある人たちとは異なり、私は同性愛傾向が劇的に癒やされて転向した経験がありません。つまり、神が私の人生に存在することによって、異性愛者に変えられたわけではないのです。パウロと同じように、私もこの「肉体のとげ」を取り去ってくださるように、何度も熱心に、必死に、涙ながらに祈ったことがあります。以前、ゲイやレズビアンの関係にあったクリスチャンが、自分の性的指向に驚くべき決定的な変化を経験し、普通の結婚生活を送る能力を新たに発見したと証しするのを聞いたことがあります。それが神の愛と恵みと力の証しであることに異を唱えるつもりはありません。また、神がこのように同性愛傾向を変えることができるという希望（一部の人々にとって）を減らしたいわけでもありません。しかしこれは私の経験ではないということは伝えておきたいのです。また、その経験は、教会の交わりの中で、毎日、私たちとともに礼拝し、奉仕する中で、信仰を保つために静かに葛藤している多くのゲイやレズビアンのクリスチャンの経験でもないのです。

ですから、この本は、同性愛を実践する者として誠実に生きる方法について書かれたものでも、完全に癒やされた元ホモセクシャルの男性や女性として誠実に生きることに関して書かれたものでもありません。J・I・パッカーは、パウロが第一コリント6・9～11で性的な罪を犯した人に対して希望に満ちたことばを述べたことについて、こう記しています。「コリントのあるクリスチャンたちに対して、パウロは聖霊の道徳的な助けを、異性愛者の表現を用いて祝っています。今日の同性愛者は、同性愛者として聖霊の道徳的な助けを証しし、生き抜き、そして祝うようにと招かれているのです。[2]」本書は、まさにそのことについての本です。同性愛傾向を持ちつつもそれを実践していないゲイ・クリスチャンが、キリストの恵みと聖霊の力を同性愛者のことばでいかに「証しし、生き抜き、祝う」ことができるのかということについてです。

この本は、イエスの弟子となることが、同性に惹かれる欲求を行動に移さないこと（他のゲイやレズビアンの人との肉体的・空想的関係を持たないこと）を通して、厳しい代価を伴う従順さにコミットすることだとすでに確信しているゲイ・クリスチャンのためにおもに記されています。自身が同性に惹かれるクリスチャンであり、イギリスで「トゥルー・フリーダム・トラスト」というゲイやレズビアンの人々への奉仕活動を率いているマーティン・ハレット氏は、「同性に惹かれる感情を持つクリスチャンの中で、クリスチャンにとって同性愛が正しくないと思っている人は、同性愛を良いものとして認めるように主張する人とほぼ同数存在している[3]」と記しています。そして次のように続けます。

私のスウェーデン人の友人（エリック）は、ルター派の司祭で、性に関する伝統的な聖書の教えを信じ、かつ自身が同性に惹かれる感情を持っています。彼は直接献身の召しの初めから、自らのセクシュアリティに関して常にオープンであることを決めていました。（中略）最終的により多くの福音派がこのような公の立場を取ることができれば、それはより代価を伴わない道として知られ、神の国のために多大な影響を及ぼすと私は信じています……（中略）〔私は〕教会の中で、同性に惹かれる感情を持ちながらも同性愛は間違っていると信じているリーダーたちに、もっとオープンになるよう奨励したいのです。エリックのような人は、教会にいる同性愛者全体から見れば、決して少数派ではありません。私は彼らの声が聞かれることを願っています。それは「私たちは、同性愛行為は罪だとしても、同性愛者は教会にとって価値と賜物の一部であると信じている」という声です。彼らの声が聞かれたら、キリストのからだの生活、証し、そして未来に、どのような違いが生まれるでしょうか。[4]

ハレットと彼の友人エリックとともに、多くの教会に根強く残る沈黙を破ることに少しでも貢献したいと願います。多くのゲイ・クリスチャンが、自分のセクシュアリティについて友人に打ち明けることに恐怖を感じていることはよく知られています。打ち明けることができた人たちも、多くの場合恐れと恥のために何年も隠してきたと告白します。本書は、このような羞恥心を助長するものではなく、ゲイやレズビアンのクリスチャンが、キリストのからだの中で他の人々に自分の人生を開示するという、リスクを伴う一歩を踏み出すきっかけになればと願っています。そうすることで、私自身もそうであったように、知られることは閉ざされたドアの中にいるよりも霊的に健全であり、光は暗闇よりも優れていることを、恵みによって見いだすかもしれないからです。

この文章を書きながら、私はしばしば、リチャード・アッテンボロー監督の映画「永遠の愛に生きて（Shadowlands）」の一場面を思い浮かべました。C・S・ルイスとジョイ・デイビッドマンの恋愛を描いた力強い映画です。この映画の最後のシーンでは、ジョイが癌で亡くなったばかりで、ルイスの悲しみは最悪の状態にありました。彼は神への信仰を持ち続けているものの、年をとり、世を倦み、以前彼が「苦痛の問題」と呼んだものに対する安易な解決策に飽き飽きしているように見えます。「もう私は答えを持っていない」、「ただ生きてきた人生があるだけだ」と彼は言うのです。この後に続くページに書いてあることは、多くの点で私も同じように感じているものです。結局のところ、神と他者の前にゲイ・クリスチャンとして立つという問いに対して、私が提供できる唯一の「答え」は、福音の力によって生きようとする私の人生そのものだけなのですから。

二十代後半の私〔訳注＝本書執筆時の著者の年齢〕は、まだ若く、キリストの弟子としてのあり方や人間のセクシュアリティに対する理解において、成長が必要だと感じています。今後癒やしの可能性を探るかもしれませんし、カウンセリングや霊的な助けをより多く受けたいと考えています。しかし、同性愛傾向と葛藤するクリスチャンとしてのアイデンティティを確立しようとする苦悩と混乱の渦中にいるからこそ、私のように、イエスに従いたいと疑うことなく知っていながら、同時に、日々同性愛の欲求と葛藤する人々に、役立つ視点を提供することができるかもしれないと思うのです。

ですから私はおもに一人のゲイ・クリスチャンとして、他のゲイ・クリスチャンのために書いているのです。私は、寄留者のように感じながら成長し、その理由を知らずに苦しんでいる人々のために書いています。両親に自分が長年悩んできた性的指向を発見されたとき、どう思われるだろうかと怯えているゲイやレズビアンのクリスチャンのために書いています。自分の性的指向を変えようと異性愛者と結婚したものの、以前と変わらず今も同性に惹かれる欲求が強いと感じるゲイやレズビアンのクリスチャンのために書いているのです。私は、教会に自分の秘密を打ち明けたいと思いながら、打ち明けられず閉ざされた扉の内側で暮らしているすべてのゲイとレズビアンのクリスチャンのことを思っています。二十代後半、あるいは三十代、四十代以降の、生まれて初めて同性愛の衝動や欲求に目覚め、それが何を意味するのか、どう対処したらいいのか分からず、死ぬほど怯えている人たちのために書いています。私は、クリスチャンから突き刺すような拒絶を受けたことがあるのにもかかわらず、しばしば傷つける欠陥だらけの教会という共同体の中で、それでもなお純粋で誠実な生き方をすることを神が望んでおられると確信しているゲイやレズビアンの人たちのために書いているのです。私は、「異性愛者になる」ことを試み、また試みているにもかかわらず、うまくいかず、何度も何度も、神が自分に望んでいることはいったい何なのだろうと嘆いているゲイの信者たちのために書いているのです。

しかし、同時に私は、親、兄弟姉妹、肉親以外の近親者、親友、牧師、青年指導者、カウンセラーなど、ゲイ・クリスチャンの近くにいて、彼らを癒やし、回復し、クリスチャンとしての成熟に導く手助けをしたいと願っている人々のことも念頭に置いています。彼らもまた、この本を読み、私が記した経験を振り返ることで学びを得てくれることを願っています。

そして、ゲイやレズビアンのクリスチャンとある意味で似たような、持続的で望まない欲求や他の苦悩と長く激しく闘っている人々が、私が書いたことを「小耳に挟む」ことも願っています。これらのクリスチャンや類似する立場のクリスチャンが、私の物語の一部を自分たちの状況に合うように適応させることができれば、私は幸せです。クリスチャンが同性愛傾向と葛藤することは、多くの点でユニークですが、まったく異なっているわけではありません。人間の罪深さと神の憐れみと恵みの力は、私たちが直面する特定の誘惑や弱点にかかわらず、すべての人にとって同じだからです。

私の経験の中で、ゲイ・クリスチャンとして誠実に生きるための努力は、三つの主要な戦いを伴いました。まず、福音がゲイ・クリスチャンに要求していることは何か、なぜ福音は私が同性愛の欲求を行動に移さないことを要求しているのか、そして福音がこの要求を実際に満たすことを可能にしているのかどうか、ということを理解するための闘いでした。本書の第1章「物語に形づくられる人生」は、これらの疑問について記しています。

第二に、私にとって、強烈な同性に惹かれる欲求を経験するクリスチャンであることは、孤独を意味します。孤立感や、心の傷を抱えたまま一生一人でいるのではないか、この道を一緒に歩んでくれる人は誰もいないのではないか、という不安です。ゲイ・セックスは選択肢にないと確信しているほとんどのゲイ・クリスチャンは、おそらく独身であることが、福音の聖さの呼びかけに誠実に生きるための最善または唯一の選択肢であると考えるでしょう。そして、そのために、ほとんどのゲイ・クリスチャンは孤独を経験することになります。どのように私たちはこの孤独と付き合っていけば良いのか。その孤独を和らげる方法があるか。福音はどのような慰めを与えてくれるのか。これが第2章「孤独の終焉」の焦点です。

最後に、私の人生においても、他の多くの人々の人生においても、同性愛の観点からキリストとその御霊に従う人生を生きようとする努力の中で、「恥」は常に大きな葛藤です。罪に対する罪悪感、自分が「破損品」であるというしつこく揺るぎない感覚、修復不可能なほど壊れているという感覚、したがって、常に神に不快感を与えているのではないかという感覚、これらはすべて、多くのゲイ・クリスチャンの体験につきもののようです。第3章「神が与える栄誉」において、私はこの葛藤に取り組み、私の人生の鼓動となった確信、すなわち、C・S・ルイスのことばを借りれば、私たちゲイ・クリスチャンは実際に「神の喜びの材料」となりうるという確信を表現しようと試みています。[5]私たちは神を喜ばせ、神の喜びを性的な破れの中で経験し、そして最終的に神の栄光に加わることができるのです。

これらの章には、三つの短い自伝、またはゲイ・クリスチャンの人物像が散りばめられています。最初は私自身の人生です。その他に私はヘンリ・ナウエンや、最近亡くなった霊性について記しているゲイのカトリックの著者、そして十九世紀のイエズス会の詩人であるジェラルド・マンリー・ホプキンズについて記しています。これは、三人の実在のゲイ・クリスチャンの苦難と勝利から聞くことで、読者が本書の主要な章にある、より神学的な内容を実生活に当てはめる助けになればと願ってのことです。

神がすべてを新しくされるときまで、この本の中の考察が、他の人々が神の前に誠実に生きるために用いられることを、私は祈りたいのです。そのときまで、私たちは御子と御霊によって洗いきよめられ（Ⅰコリント6・11）、希望を持って待ち望んでいます（ローマ8・25）。

† § †

次に進む前に、以下のページで使用する用語について簡単に説明したいと思います。本書では、同性愛を表すさまざまな用語を区別しないことにしています。例えば、「同性に惹かれる（same sex attraction）」、「同性愛的欲求（homosexual desires）」、「同性愛（homosexuality）」、および関連する用語を互換的に使用しています。同様に、ゲイやレズビアンの人たちについても、さまざまな呼称を使用しています。また、「ホモセクシャル・クリスチャン」という一つのことばにこだわらず、「ゲイ・クリスチャン」「同性愛傾向を持つクリスチャン」とも表現しています。これらのことばは私にとってすべて同義語であり、誤解を招く可能性はあるのですが、これらを使用することで得られる利益は潜在的な危険性を上回ると私は判断しています。いずれの用語も、必ずしも同性愛行為の実践を意味するものではないと考えるべきでしょう。いずれの用語も、私は性的指向に焦点を当てており、対応する行為を指しているわけではありません。

しかし、私が避けようとしている言い方があります。それは、名刺として誰かを「同性愛者（a homosexual）」と呼ぶのではなく、「ゲイ・クリスチャン」や「同性愛傾向を持つ人（homosexual person)」などの長いフレーズの中で、「ゲイ」や「同性愛」を形容詞として用い、名詞にしないことです。そうすることで、ゲイであることが私や他のゲイの人たちのアイデンティティにとって最も重要なことではない、という微妙な言語的ニュアンスを伝えることができるからです。私は他の何かである前に、クリスチャンなのですから。私の同性愛傾向は、私の性格の一部であり、人格の一面です。しかし、現世であれ、復活後であれ、それはいずれなくなるものだと私は信じています。しかし、私のクリスチャンとしてのアイデンティティ（キリストの御霊によってキリストのからだに加えられた者である）は永遠に残るのです。

＊この導入を書いているとき、フィリップ・ヤンシーの以下のことばに出会いました。「私が憂鬱、疑い、自死、苦しみ、同性愛について読んだものの多くが、それらと格闘した人なら知っている苦しい段階を、経験したことがない人々の手で書かれているようだ。そのような長い旅を実際に生き抜いてきた人にとって、それほど味気ない解決はないだろう」（Philip Yancey, *Soul Survivor* [New York: Doubleday, 2001], 269—70. 邦訳『ソウルサバイバー』いのちのことば社）。私は以下の文章の中で、同性愛傾向と葛藤するという辛い道のりを生き抜いた（もしくは生き抜いている途上）ということがどういうことなのかを記すことができればと願っています。

## 《前奏》罪洗われ、待ち望む

しかし、主イエス・キリストの御名と私たちの神の御霊によって、あなたがたは洗われ、聖なる者とされ、義と認められたのです。

（コリント人への手紙第一6章11節）

それだけでなく、御霊の初穂をいただいている私たち自身も、子にしていただくこと、すなわち、私たちのからだが贖われることを待ち望みながら、心の中でうめいています。……私たちはまだ見ていないものを望んでいるのですから、忍耐して待ち望みます。

（ローマ人への手紙8章23、25節）

私の思春期は遅れてやってきました。少なくとも当時はそう感じたのです。私はもうすぐ十三歳でしたが、友人たちが経験していたわくわくする変化の連続とは程遠く、その経験は私を恐怖に陥れました。そのような不安な月々が始まったときから、私は同じような劇的変化を経験していた同年代の男性たちに奇妙な新しい欲求を感じていることに気づきました（それが性的なものであることは、当時の私には明らかではありませんでしたが）。男友達の筋肉や生えてきた毛に気づくようになり、興味を持つようになったのです。なぜそんなにコソコソする必要があるのか分からないまま、バレないように隙があれば彼らを見ていました。

教会の遠足で空港に行き、管制塔を見学したときの出来事を覚えています。あるとき、友人数名が先生たちの厳しい視線を逃れ、空港内のお土産屋さんや雑誌棚を探検し始めました。私は、反抗的な気分でのんきに笑いながら、一つのターミナルを彼らと一緒に小走りしていました。ある店の中で、彼らは「プレイボーイ」という雑誌を見つけました。それは奥の壁際の棚から見えるように置かれていて、友人の一人がさっと雑誌を開き、店員の視線を遮るために他の皆も周りに集まりました。しかしその瞬間、私は部外者になったような気がしました。そのときはうまく表現できませんでしたが、何かが違うと感じたのです。店員に見つかって追い出されるまでの間、友人たちが緊張の面持ちで肩越しに見ながら楽しんでいることに、私は焦りも、スリルも、興味も、不思議な魅力も何も感じませんでした。

新しい体に成長し、変化に順応し始めていたあの頃、なぜ他の男性たちのイメージが、興奮とかすかな違和感とともに私の頭の中を巡っていたのか分かりませんでした。もしかしたら、これも成長過程の一部で、いずれは消えていくものなのではないか？　私はこのことについて、あまり深く考えないことにしました。私は的を射た質問ができるほど知識がなかったのです。この奇妙な、しかしじきに過ぎ去る嵐のように感じていた、半分罪悪感を伴う楽しみであり、もう半分は混乱に満ちた葛藤をやり過ごそうとしたのです。

その頃、両親は私たちが会員だった大きな南部バプテストの教会へ出席しないことを決めました。私はまだその教会のユース・グループには入っておらず、入りたいとも思っていませんでした。私はこめかみから鼻、あごにかけてニキビができていることが恥ずかしく、いつも同年代と話すと顔が真っ赤になり、脇の下に汗を感じていました。私はそれまでの人生を南部特有の隔離された根本主義の中で過ごしてきましたが、できることならもう二度と彼らと会話をしたくないと思っていました。両親はその後単立の小さな教会を見つけます。ユースグループには十数人の子どもがいましたが、そのほとんどがすでに知っている子どもたちで、より気楽だったこともあり、私たちはその教会に移りました。

その後の三年間で、私は思春期初めの数か月の怖ろしい戸惑いからは解放されました。しかし、教会を変え、より社交的になっても、私のセクシュアリティは微塵も変わりませんでした。私はまだ直感的に、自分の何かが間違った方向に向いてしまったと感じていました。きっと遺伝子の線が交差して、正常な発育に不具合が生じてしまったのだろう、と。

少年時代を離れ、自分自身と自分の住む世界についてもっと知るようになるにつれ、自分の心と体に起こったことは、私の友人たちに起こったこととはまったく異なっていたことに気づきました。私が教会で祈りとアカウンタビリティのために男性の小グループに参加するようになったときのことです。予想どおり、「性欲」がおもな話題のひとつになりました。「僕たちは見かけた女の子を心の中で脱がせるのが好きなんだけど、それについてどうしたらいいんだろう?」と、ある人が二十代のリーダーに質問しました。「俺たちは精力旺盛なアメリカ人男性なんだからさ」、別の男性が会話に加わります。「葛藤をオープンにしても良いんだよ。」しかし私は軽いパニック状態に陥りながら、自分の葛藤を率直に話すことができないことに気づきました。友人たちが性欲の扱い方についてのフラストレーションを話している中で、私は彼らに同調できないことを悟りました。私の問題は決して頭の中で女の子を脱がせることではなかったのです。彼らが話している間、自分の違いを秘密にしておくために、どのように曖昧な返答をしようかと考えていました。

† § †

私の幼少期の記憶は、母がカラフルでことば遊びを含んだ聖書の絵本を読んでくれて、私の好きな聖書の登場人物の絵をクレヨンで描くのを手伝ってくれたことです。私は幼い頃から、イエスがユダヤ教の大祭司とエルサレムのローマ政府によって有罪判決を受け、十字架上で死なれたこと、そして三日間墓に入れられ、死からよみがえったことを理解していました。私は成長する中で、これこそ世界で最も重要なニュースであり、人々の人生の中心になりうるものだと、なぜか疑いませんでした。それはそのニュースが両親の人生の中心にあることを見てきたからでした。私は幼いときに、福音派の流儀に則って、「イエス様を私の心にお迎えします」と祈りました。そして十一歳のときに洗礼を受けたのです。

中学三年生になった頃には、イエスが神であり、私のために、そして私の救いのために受肉されたことを確信し、残りの人生を、イエスを愛し、従うことに献げたいと思うようになりました。やがて、両親が担ってくれていた役目を引き継ぎ、自分で聖書を読むようになりました。その道のりは、始めてはやめてのくり返しでしたが、車を運転したり、夜ベッドに横たわりながら、自分で神様と対話し、祈ることを学びました。C・S・ルイス、フレデリック・ビークナー、J・I・パッカー、ヘンリ・ナウエン、ジョン・パイパーなどの霊性や教理に関する本を読みました。自発的になった私は、長年の課題であるクリスチャンの弟子訓練の問題と格闘するようになりました。聖書の中に答えを探し、地元の食堂でバーベキュー・サンドとコーラとともに、ユースパスターにたくさん質問をしました。

私は初めて羽ばたく鳥のように、新しいことに挑戦しつつ成長していきました。ハングリーな成長期の若いクリスチャンとして神との関わり方を学ぶと同時に、いくら霊的に成長しても、私の性的指向には何の影響もないという気づきが、私にとても重くのしかかりました。セクシュアリティという不思議な世界に目覚めて以来、私が意識してきた同性に惹かれる性的指向は一向に無くなることはなかったので、私は自分がいわゆる「同性愛」と呼ばれているものを経験していることを自覚したのです。私は同性に惹かれる性的指向を持っていました。私はゲイだったのです。

ベッドに横たわり、暗闇の中で天井を見つめ、考え込み、唇で静かにホモセクシャルということばを口ずさんだことを覚えています。私にとってこのことを認めることは、ある日突然どこからともなく忍び寄る気づきのようなものでした。ずっとそこにあったのに、そのとき初めて見えたようなものです。私がゲイであることには、何の選択も意図もないように感じました。私がゲイになると決めたというより、そのことに気づいたようなものだったのです。それはスキーを始めることを「決める」というよりは、自分の目の青さに「気づいた」ようなものでした。「ゲイになりたいか？」「はい、なりたいです」のような、選択肢ではなかったのです。意識的に解決するのではなく、徐々に折り合いをつけていくような感覚でした。

私は、母親と一緒に車に乗りながら、時々ジェームズ・ドブソンの「フォーカス・オン・ザ・

ファミリー」というラジオ放送を聞いていたのを覚えています。当時は一九九〇年代半ばで、「同性愛者の権利」運動が盛り上がっていたこともあり、頻繁に同性愛の話題が出ていました。そのたびに私は聞き耳を立てました。ドブソンは、幼少期の性的虐待、心の離れた父親、ロールモデルとなる愛情深い男性の存在の欠如といった、同性愛の「原因」についてよく話していました。私は、自分の過去と現在の経験を入念に精査したことを覚えています。私はこれらのカテゴリーに当てはまるのだろうか？　両親はもちろん、誰からも性的虐待を受けたこともない。私は父と十分に近かっただろうか？　週に一度二人きりの時間を作ろうとしたものの、失敗に終わったことくらいしか悪いことは思い当たりません。父とゴルフをするようになったわけでもないし、父が望んでいるようだった鹿狩りをするようになったわけでもありませんでした。でもこれは父との親しい関係の欠如なのだろうか？　毎日頭の中で火のように燃える同性に惹かれる感情をなぜ私が持つようになったのかを理解するために、あらゆる可能性を検証しながら答えを求めて脳を回転させました。

頻繁にではありませんが、時々、異性への欲求を呼び起こすための様々な戦略を試しました。母宛てに郵送されてくる女性用下着のカタログを見ても、私には何の効果もありませんでした。テレビや映画のスクリーンに映し出される女性の体の曲線は、私の視線をかすめるだけで魅力を感じず、ほとんどの場合気に留めることもありませんでした。

高校時代のある日の午後、自分の部屋のドアを閉めベッドの上に座り、エリ・ヴィーゼルの小説『夜明け』を読んでいました。そして二人の登場人物がセックスをしようとしているところをヴィーゼルが描写した一節に差しかかりました。女の子はブラウスの下に下着を着ておらず、キスをしている男性からは胸が見えています。私は恥ずかしさで顔を紅潮させながら、その箇所を何度も読み直し、何とか欲求を呼び覚まそうとしました。そのとき、私はかすかな興奮を覚え、それは前代未聞の、地球を揺るがすようなものに思えました。私は小刻みに震えながらベッドからよろけ落ちました。女性の体に対する性的興奮を感じたのはそのときだけだったと思います。そしてそれはあまりにも微かで、振り返るともしかしたら夢だったのかもしれないと思うほどです。

高校時代、私は一貫して一度も完全な同性愛の関係を求める可能性を考えたことはありませんでした。他のゲイの人を知りませんでしたし、バイブルベルト〔訳注＝アメリカ南東部一帯のキリスト教の保守派が多く住む地域〕の保守的で根本主義的なキリスト教の世界に染まっていたので、生きていく選択肢としてゲイ・パートナーシップの関係は考えられなかったからです。それまで私が同性愛について聞いてきたことといえば、それが罪であり、神は誰も同性愛者として創造されなかったし、同性愛者が異性愛に目覚めることができるように「修復セラピー」を行うことを望んでいるというものでした。

私は自分の同性に惹かれる感情を誰にも話しませんでした。いろいろな意味で普通以上に仲の良かった家族にさえ話しませんでした。私の対処法は、無視し、見て見ぬふりをし、意識の奥深くに詰め込み、やがてそれが深く埋没して露出することなく消えてしまうことを願うことでした。

§

高校三年生の秋、私は大学への出願手続きを開始しました。シカゴ近郊にあるキリスト教系のホィートン大学に合格し、進学することにしました。大学入学が近づくにつれ、私は自分の同性に惹かれる性的指向がこの大学生活にどのような影響を及ぼすかを考えました。多くの人と同じように私も大学で女の子と出会い、そのことで奇跡的に自分の性的指向が変わるのだろうか？私はたいてい、自分の同性に惹かれる性的指向をどのようにして隠すかの戦略を練っていました。寮のルームメイトや共同シャワー室、そしてスポーツ場で起こりうるさまざまなシナリオを想像しながら、注意深く行動すればバレずに済むと、それなりに確信していました。

ホィートン大学で過ごした時間は、私が想像していた以上に楽しく、実り多く、伸びやかで視野の広がるものでした。個人的、精神的、そして学問的にも、私は飛躍的に成長しました。まるで、空中でバタバタしていた魚が、何も知らずにエラを膨らませながら、ようやく自分の家のプールに飛び込んだような感覚に、嬉しい驚きを感じていました。

一年生のときに受けた最初の授業の一つが、「キリスト教と文化」でした。そしてその最終課題として、キリスト教の同性愛に対する見方についての論文を書くことにしました。私はなんとなく不安を感じていました。このテーマを選んだ理由を推測され、怪しいと思われないだろうか？

神学者、哲学者、社会学者、心理学者、精神科医が同性愛について述べていることを読んでみたいと思っていたので、この論文を書くことはその良い口実となりました。私は初めて、同性愛の遺伝的な起源の可能性について読みました。「自然（nature）か養育（nurture）か」の弁証論、「本質主義（essentialism）」と「構成主義（constructivism）」の論争、そしてキンゼイ・レポートの数字は、まだ踏み込んでいない私自身の同性に惹かれる性的指向と経験についての新たな疑問の扉を開いてくれました。そして私は、真面目で、思慮深く、神に忠実で恵みに満ちたクリスチャンの中で、たとえ「構築」と「育成」が同性に惹かれる性的指向を作り出す遺伝子や、化学物質や、ホルモンと関連していたとしても、そのような性的指向を変えることはほとんど不可能である、と考えている人々がいることを知りました。

しかし私は同時に圧倒的に大多数のクリスチャンが、（聖書の鍵となる箇所の理解、そしてカトリック、正教会、プロテスタントなどキリスト教の伝統を十分に踏まえた上で）同性愛の実践は罪であるということに同意していることも知りました。ゲイ同士のセックスは禁止事項として理解されています。多くのクリスチャンは、神の創造に対する本来の意図について語り、厳密に言えば神は誰も同性愛者に造っ
てはいない、と述べます。むしろ同性愛は、罪と死の幻影に取り囲まれた堕落した世界に住んでいるために起こる無数の悲劇的な結果の一つだというのです。

大学の四年間、私は同性愛について読み、考えるうちに、素人ながら最初の論文を書いたときに学んだことが確定されたような気がしました。私はこのクリスチャンとしての確信に何らかの方法で忠実でなければならないと思うようになりました。それはつまり、同性愛の欲求、妄想、実践は個人的であれ他者との関係においてであれ、ゲイであれストレートであれ、私の人生における神の御心ではない、という私のクリスチャンとしての確信です。そこで考えたことは、私が変わってヘテロセクシャルになることはできるのだろうか？　ということでした。もちろん以前にもそう考えたことはありました。しかし、今こそ自分の同性に惹かれる気持ちを隠すのではなく、努力して本気で、その性的指向の向きを変えるときなのかもしれないと思ったのです。

†　§　†

「贖いの秘密は記憶に内在する。」バール・シェム・トブ
（訳註＝十八世紀のユダヤ教敬虔主義運動であるハシディズムの創設者）

大学時代、ほとんど無意識のうちに私の同性に惹かれる性的指向は徐々に自己理解の中心になっていきました。ある日、二年生の寮の地下トイレの個室の内側に、「ホィートンにいるゲイのあなた、あなたは一人ではありません」と書かれた文字と、その下に書かれたメールアドレスを発見しました。私は喉が締め付けられるような気持ちで、同時にその名もなき作家への親近感と嫌悪感を感じたのを覚えています。「私は彼とは違うんだ」そう自分に言い聞かせましたが、私は彼と同じだったのです。私たちは何らかのかたちで関連していて、同じ道を歩む仲間でした。

ルームメイトとの会話で、デートの話題になると（当然よくあることですが）、私は女の子の名前を口にして気になっているふりをしました。二年生のとき、ある女の子をコンサートに連れていきました。初めてのデートで、私は気まずくて緊張していましたした。彼女を寮に送り届けると、ほっとしたのを覚えています。

しかしその翌年、私は本当に気になる女の子と出会い、自分でも衝撃を受けることになります。よそよそしいと感じた誤った第一印象はすぐに払拭され、何気ない電話でのおしゃべり、大学の食堂での長いランチ、二人が所属していた弟子訓練チームミーティング後の深夜の会話な

ど、自然で無理のない付き合い方を模索するようになりました。会話を交わすたびに、もしかしたらこれこそ私が探していた「治癒」、つまり私の同性愛傾向の問題を解決してくれるものなのではと考えるようになりました。私は真剣に、頻繁に、神様が私たちを結びつけてくださるように、そして私たちの間に何か美しく永続的なことが働くように、と祈るようになりました。最終的に彼女が他の男性に興味があると述べたとき、私はアパートに戻り、その数年で一番激しく泣きました。

またその同じ年に、当時私が知っていた中で最も自由で活力に溢れた一人であった友人のジェナが、鬱病と闘い始めました。私が彼女の葛藤について知ったのは、彼女が助けを見つけ順調に回復し始めてから数か月後でした。ある日ランチをしながら、ジェナがその暗い時期について説明してくれました。それ以来、そのとき彼女が話してくれたことがずっと心に残っています。「ウェス、私はただ再び完全な状態になりたかっただけなの。何も問題がないふりをすれば鬱は無くなると思っていたの。でも、無視することは回復への道ではなかった。この鬱病から解放されたかったら、正面から向き合わなければならなかったの。」これは自分へのことばだと気づき、喉の奥のしこりを飲み込もうとしました。無視することは救いの道ではないのです。

私は、助けを求めるべき時が来たのだと思いました。自分のセクシュアリティをどこかに押し込みながらも、同時に女の子とのキラキラした魔法のようなロマンスによってそれを「直そう」

とする私の試みは成功しませんでした。でも、誰に相談したら良いのでしょうか。私はすぐに家族を排除しました。家族は愛情深く、配慮はあっても、やはり保守的すぎます。完璧に近いと思っている長男が、たとえ禁欲的に歩んでいるとしても、ゲイであることを認めたらどう思うでしょう。ルームメイトも排除しました。私がかぶっていた仮面をすべて取り払い、実は彼らが思っていたようなかたちではあの女の子たちにあまり魅力を感じていなかった、と伝えるのは、あまりにも混乱を招き、説明が難しかったからです。

私はついに、当時私が知っていた中で最も賢いと思われた哲学の教授に話すことにしました。彼は啓蒙主義やポストモダニズムについて理路整然と話すことができるだけでなく、人生について知っていました。私のような大学生の不安や実存的な葛藤について、つまりバーバラ・ブラウン・テイラーの記憶に残ることばを借りれば「不思議に満ちた堕落後の世界で、人間としての飢えを経験すること」について知っている人物でした。[1] 彼は本物の信頼を神においているようでした。授業の中で、ロックやヒュームの話から聖書への愛、また自身の半身不随の中で神の主権と良さを信じることに葛藤した話など、様々な話題を自然に結びつけることができる人物でした。彼は、その場では意味不明でも、後に暗い寮の部屋で横になりながら、頭の中で何度も繰り返し考えてしまうような深いアドバイスを常に与えてくれました。

特に、あるクラスのディスカッションで、彼が何年も前に経験したことを、オープンに話してくれたのを覚えています。「私はかつて、あまりにもしつこく、あまりにも圧倒的な誘惑に直面し、それに屈しなければ、私の全世界が真っ暗になってしまうと感じたことがありました。私はただただ聖霊の守りを求めて叫ぶことしかできませんでした。」私はそのとき、少なくともこの教授なら、私が知っている誰よりも私の葛藤を理解してくれるだろうと思いました。そして、緊張で心臓が波打ちながら、「もしかしたら、いつか、可能だったら（もちろんもし時間があれば）、私にとって本当に重要なことについて会って話せないでしょうか」といったかなり曖昧なメールを絞り出しました。何度かなかなか予定が合いませんでしたが、最終的に彼のオフィスで会う日時を設定することができました。

午後になると、胸が破裂しそうなくらい心臓が激しく鼓動していました。何か別の話題を持ち出して、最初からそのために来たことにしてしまおうか、と何度も考えました。アパートからメインキャンパスまで、カレッジ・アベニューという通りを西に歩くこと約十分、シカゴの厳しい風に目を細めながら、もう引き返せないという不思議な不可避感を感じたのを覚えています。私の最大の秘密が、世界で初めて誰かに知られることになるのです。私はそうしたいと願いながらも、まだ心の準備ができていませんでした。あと一、二年待って、私の同性に惹かれる性的指向は不思議と消えて、誰にも知られずに済むかもしれないのではないか？

ブランチャード・ホール四階の教授室に着き、世間話をしているうちに、まるで氷を長い間口に含んで舌が麻痺してしまったかのように、私のことばが不明瞭になり始めました。ことばを詰まらせながら、「実は……」と、私はやっと話し始めました。「先生に話したいことがあるんです。このことを誰かに話す必要があるとずっと思っていたのですが、他に誰に話せばいいのか分からなくて……。」

そこには感情の爆発も、人生を変えるような預言的メッセージも、涙も、魂を裸にしたことによる宙に浮いたような解放感もありませんでした。私が話し終えると、教授は私が打ち明けたことに感謝を述べ、「ウェス、これから定期的に君のために祈ることを知っていてほしい」と述べました。そして、私の同性に惹かれる性的指向の原因（彼は遺伝子が何らかの関係をしているのではないかと考えていました）について、また、どのような形で「癒やし」を期待すべきなのかについて話し合いました。この会話の結果がどうなることを期待していたのかはよく分かりません。しかし、その場を離れたとき、安堵感（もうこのことを知っているのは自分一人ではないのだ！）と、恐怖感（この先は長くて険しいのだ！）が入り混じった感覚を感じました。簡単な解決策や即効性のある方法はなく、混乱と葛藤の大海原を進んでいかなければならないのです。

† § †

数週間後、その教授が、多くの同性愛者をカウンセリングしたことのある友人の心理学者について紹介の連絡をくれました。この人物は、クリスチャンの立場から同性愛について幅広く研究し、執筆していました。彼に会ってみたいか？と聞かれ、私は、ぜひそうしたいと言いました。教授は電話をかけて、私のために予約を取ってくれました。ホィートン大学のキャンパスにある心理学者のオフィスに到着すると、彼の秘書が私を温かく迎えてくれました。秘書の方は私がなぜ来たのか知っているのだろうかと、少し心配になりました。彼女の視線は私の「事情」を見抜くことができたのだろうか。彼の電話が終わるのを待つ間、私は秘書の机の向かいに座り、ドアの狭い窓からリュックを背負った学生たちが授業の合間に笑ったり、話したりしながら通り過ぎて行くのを眺めていました。そして思ったのです。僕のことを知ってる人がこっちを見ないといいな。ここにいることが知られたら何て説明すればいいんだろう。

教授の友人は瞬時に私を安心させてくれました。彼の態度全体から、優しさと親切さ、そして品格が感じられました。私が彼に会いたがっていた理由を、哲学の教授は彼に話していないことにすぐ気がつきました。教授は、私が自分の人生について真剣に心から答えを求めている問いを持っていて、心理学者が助けになるのではないかと思っている、とだけ伝えていたのです。私が話し始めると、彼は心配そうに眉間にしわを寄せました。私はちゃんと聞いてもらえている、そしてケアしてもらえていると感じました。私は最後に、「ここまで話を聞いて、変われる可能性があると思いますか？　この旅路で、私は次に何をすべきなのでしょうか？」と尋ねました。

その日の午後、私たちはいろいろな話をしました。あまりカウンセリングという感じではありませんでした。彼は温かい笑顔で、「そういうことであれば、私が話すよりもっと君の話を聞きましょう」と言いました。しかし、私は新しい視点と洞察を得ることができました。そして会話の終盤、彼は言ったのです。「もし私があなたに励ましのことばを残せるとしたら、『霊的に冒険的になりなさい』です。」そのとき以来、私はこのことばについて何度も考え（おそらく行動するよりも考えることのほうが多かったのですが）、それは明確な挑戦として心に残りました。「癒やしのための複数の道を追求することを恐れなくても良い。神は、カリスマ的な解放のミニストリーから、サポートグループ、プロのセラピスト、黙想的な霊的同伴者まで、あらゆるものを使って同性に惹かれるクリスチャンを全人的な癒やしへと導いてこられたのです〔訳注＝原文はwholeness。ここで使われているwholeは神様が造られた完全な姿という意味で、「完全」よりも全人的な癒やしを意味する。クリスチャンとして「完璧」であること、また性的指向が変化することで「完全」になるというような意味ではない〕。もしかしたら、これらの手段の一つかそれ以上のものがあなたのためになるかもしれません。もし神があなたをその道に導かれるなら、信仰を持って一歩踏み出してみてください。自分の生い立ちや伝統への献身のために、聖霊があなたのために用意されている道に進むことを恐れてはいけません。」私は自分の根本主義的な生い立ちを思い浮かべ、彼のことばは彼が思っている以上に自分に当てはまっていると感じました。
その後、私の目は開かれました。神は私をどのような癒やしの道へと導こうとされているのでしょうか。

§

これはおそらく最も理解しがたい真理である。私たちは毎朝目覚めるとき、自分が神に愛されていることに驚いているだろうか。

（デビッド・フォード著『生きる形』）

大学四年生の八月、私はタラという女の子と友達になりました。彼女はすでにホィートンを卒業し、国の反対側に引っ越していたので、私たちの交流はほとんどEメールでした。十月には互いに長い手紙を書き合い、とりとめのない思考を書き連ね、幼年期や青年期の話を交換し合い、共通の実存的困惑について同情し合っていました。今思えば、大学四年生としてはなかなか重い会話内容でした。

文通を始めて間もない頃、私は何が起きているのか考えました。私はタラのことを（以前他の女の子に偽ったことがあるような意味において）好きではありませんでした。彼女に対して恋愛的には惹かれていませんでした。少なくとも私はそう思っていました。いや、実際は惹かれているのだろうか？　ゲイの男性が女性に恋愛感情を抱くということがあるのだろうか？　私には分かりませんでした。二階の小さな寝室に座り、私は毎晩メールの送信ボタンをクリックしながら思い巡らしていました。

タラと私は、自分たちが何者であるかを分かち合おうとしました。家族のこと、育ってきた環境のこと，これから先数年間の期待、なりたいもの、やりたいことを話しました。タラは初めの頃の手紙の中で、ある夏、サンフランシスコで売春をしている男性たちを対象としたストリート・ミニストリーに参加したときのことを話してくれました。そのミニストリーは街の中心部にある一角にいくつかの建物を所有していました。彼女は、温かい食事と話し相手を必要としている、路上生活から抜け出した男性たちのためのシェルターのような場所で働いていました。タラはストリート・ミニストリーでの日々を振り返り、「なぜかは分からないけど、神様は私に同性愛者への関心を持たせてくれたの。私自身も家族の誰も同性愛で悩んだことはないけど、そのことで葛藤する人たちを神様は私の心に示されたの。」最初にこのことばを読んだとき、私は混乱しました。私とタラの友情の中で、神様は私が予想していたよりも大きなことをなさっているのだろうか？　これは何かの「サイン」なのだろうか？

私は（おそらく間違った判断だったのでしょうが）、タラには自分の同性に惹かれる性的指向について話さないことにしました。そして当然のことながら、私が期待していたようなロマンスは私たちの間に生まれませんでした。しかし、タラとの友情は、私の旅路の一つの道しるべだったと思っています。タラは、私が自分でも気づかないうちに抱いていた神の愛に対する拒否反応に、痛く、ときに脅威的に（少なくとも当時はそう感じました）触れてくれたのです。（多くのゲイ・クリスチャンは、孤立感、恥、罪悪感から、自分に対する神の愛を疑ったり、冷淡になり頑なになったりしていることを、私はそれ以後に知りました。）タラのメールを通して、私は自分のアイデンティティが、自分の人生が計画どおりに動いているかどうかということに根ざしていることに気づきました。そして自分のアイデンティティが個人的な居場所の意識、つまりパウロがエペソ人への手紙1章6節で言うところの「愛する者」に自分が含まれているかどうか、また神の愛の御手によって癒やされ、満たされているかどうか、ということには実はあまり根ざしていなかったことに気づいたのです。

あるときタラが、イギリスに一学期留学していたときの経験を話してくれました。彼女は自分が「このようにあるべき」だと思っていたとおりに物事を理解し、そのとおりの存在であろうと努力していました。ある夜、コベントリー大聖堂での礼拝で、彼女はリラックスして、傷を癒やされる神の抱擁に身を委ねたのです。彼女は、神がありのままの自分を愛してくれていると感じました。私はタラが書いたコベントリー大聖堂での夜の記述を何回か読み返しました。そして、悲しみと無力感が入り混じった冷たい痛みを感じながら、私は彼女が説明していることが直接的には理解できないということに気づいたのです。私が毎朝ベッドから起き上がるときに最初に思うことは、私は神に愛されているではありませんでした。N・T・ライトが言うような霊的訓練（キリストの十字架を見つめ、自らを与えてくださる三位一体の神によって、贅沢にも、どうしようもなく自分は愛されているという確証を得るということ）を、私は実践できていなかったのです。

タラからのメールは、私にとって非常に重要なものでした。神の愛について黙想する霊的な実践を少しずつ学び、それが私の同性愛的傾向との葛藤の中で中心的な意味を持つことを理解するまでには、何年もかかりました。タラとの手紙のやり取りは、キリストが自らを与えてくださったことによって贖われ、神に愛された者として自分自身を見る、という日々の努力を意識的に始めるきっかけとなりました。

しかし同時に、タラに短期間惹かれたこと（私は彼女に性的興奮を覚えたことはありませんでした）を振り返ると、女性との関係が私の性的指向を魔法のように変える、ということを期待できないと学んだときでもありました。もし地上で生きている間（原文 =this side of God's future）に「癒やし」が得られるとしたら、それは性的指向が変えられるということではない、何か別の形なのでしょう。

† § †

その頃には、同性に惹かれる欲求を持つクリスチャンとして生きていく方法を知る葛藤のためには、もっと何かが必要だということがはっきりしていました。同居人も、日常的に話していた人も、誰も私の葛藤について知りませんでした。それが理想的でないことは、私にも分かっていました。そこで、何を期待するのが現実的なのかよく分かりませんでしたが、私は牧師に、「祈りとアカウンタビリティ」のために毎週会ってもらえないか、と頼むことにしました。

ある日曜日、礼拝が始まる前にデニー牧師は私が礼拝堂の前方の席に座るのを見つけ、私と目を合わせ、しっかりと握手をしに、そして私がどうしているか確かめるために、微笑みながらこちらにやってきました。オルガニストが前奏を弾いている間、私たちは少し話をしました。そして、勇気を出して私はデニーに、近いうちにランチかコーヒーを飲みながら、一対一で話ができないか聞きました。

その時が来て、私は教会の彼のオフィスに行き、もはやルーティン化し始めていたことを再度話しました。私の哲学の教授とホィートンの心理学者に話したことと大体同じようなことを話しました。そして、「このことに関してもう私は一人じゃありません。そしてやっとこのことを誰かに話すことができました。でも、定期的に話して、物事を整理したり、一緒に祈れる人が必要な気がするんです」と言いました。

私が話している間、デニーの視線はとても真剣でした。彼の目は、思いやりと困惑が混ざったものでした。私が話し終わると、彼は優しくこう尋ねました。「ウェス、このことをもっとよく理解できるように助けてくれるかな？　同性に惹かれる欲求と君が言うとき、それはどういう意味なんだい？」　私が答えに困っていると、彼は具体的なシナリオで助けようとしました。「例えば、テレビで男性用下着のコマーシャルを見ると興奮するってことかい？」私は思わず心の中で笑ってしまいました。デニーは明らかに、同性愛傾向に悩むということがどういうことか分かっていなかったからです。私は、「それもあるかもしれませんが、そんなことよりもっと大きなことです」と答えました。どういうわけか私の人間関係のあらゆる部分がこの影響を受けているのです。後に友人に宛てた手紙にこう書きました。「性的指向というのは非常に複雑で、ほとんどの場合、簡単に制御できないものです。私一人とっても、私の性的指向が〝癒やされる〟ことがどういうことなのか想像できません。性的指向とは男性に肉体的に惹かれるということだけでなく、あらゆることを伴う男性との付き合いを好むことを表しているのです。」例えば会話や感情的な親密さ、一緒に過ごす充実した時間といったものも含まれます。

最後に私はデニーに言いました。「私が望むことは、教会が安心できる場所だと感じられることです。私はあなたを知っていて、信頼しているからあなたのところに来ました。でもそれ以上に、あなたが私の牧師だから、そして本来あるべき教会のあり方を見てみたいからです。もしあなたにその意思と時間があったら、私を牧会してほしいんです。」

その後、大学四年の後期の大半、デニーと私は週一回会うことになりました。私たちには毎回決まった流れがありました。私はキャンパス内の自宅から教会の建物まで歩き、到着して数分間はたわいもない会話をし、それから真剣な会話に移りました。私はそのときに罪の告白もしました。また私たちは、教会が本当の意味で、同性愛者のメンバーをサポートするとはどういうことなのかについて話し合いました。

デニーとの何回かの会話の中で、私が参考になると思った福音派クリスチャン指導者たちの最近の声明について話し合いました。例えば、ボストンのパーク・ストリート教会の牧師であるゴードン・ヒューゲンバーガーは最近、下記の文章を教会員に宛てて書きました。

私が強調したいことは、私が毎日犯している星の数のような罪のどれよりも同性愛が悪いものだとは考えていないということです。事実、私が毎日礼拝堂に入れるのは、神の無限の恵みと憐れみの贈り物です。いずれにせよ、私たちは、この問題に直面しているかもしれない人々を差別するための、ある種の聖戦に参加しているわけではないのです。聖書に記されていることに正直になってこの話題を時折取り上げることは望んでいても、変わることに関心のない多くの同性愛者の客員や訪問者が気後れし、歓迎されていないと感じさせるほどにこのことを強調しようとは思いません（少なくとも、変わることに関心のない多くの物質主義者以上に気後れし、歓迎されていないと感じさせるほどには）。一方で、人生のこの部分をキリストに委ねようとしている人たちが励まされるように、また、他の人たちがますます一方的な議論にしか耳を傾けられなくなっている文化に惑わされないように、私は十分に取り扱っていきたいと願っているのです。[2]

デニーは何時間もかけて、ヒューゲンバーガーの言うとおり、私の同性に惹かれる誘惑は、クリスチャンが日常的に直面する貪欲、プライド、怒りへの誘惑以上に（またそれ以下にでも）悲劇的なものではない、と私を説得しました。

また、デニーと私は、私たちの姉妹教会であるロンドンのオール・ソウルズ教会〔訳注＝ジョン・ストットが牧会したことで有名なイギリスの福音派教会〕の牧師リチャード・ビューズが出した声明文についても話しました。この文章と、その後にデニーが私に言ったことばは、私たちが毎週一緒に過ごした時間の要約のようなものです。

すでに正統な教会のメンバーであり、同性に惹かれる欲求や感情を経験しながらも、悔い改めと信仰によって、（男女間の）結婚か独身を貫くことを性的表現の二つの規範として受け入れるライフスタイルのために私たちとともに葛藤している兄弟姉妹を認め（affirm）、温かく受け入れることを願います。キリストの群れの一員である私たちは、悔い改めと新たな人生の道を学ぶ中で、あらゆる背景と過去の罪を受け入れることができます。なぜなら、「**あなたがたのうちのある人たちは、以前はそのような者でした。しかし、主イエス・キリストの御名と私たちの神の御霊によって、あなたがたは洗われ、聖なる者とされ、義と認められたのです**」（Ⅰコリント6・11、強調は著者）。これこそ真のインクルージョンです。[3]

「ウェス、この人たちは分かってるね。」私が読み終え、紙を折りたたむと、デニーは笑顔で言いました。「温かく受け入れること（原文＝warm affirmation）なんだと思う。それは、日々悔い改めと信仰をもって、聖さのためにみんなでともに葛藤することなんだ。私たち皆が、完全（whole）な状態に向かって葛藤する中で、教会が教会であるということなんだ。」

†　§　†

「あなたが他の誰かに自分の葛藤を共有したことがあるか分かりません。もししていないなら、するべきでしょう。」私は最近、仲間の同性愛者クリスチャンにこう書き送りました。「私の個人的な経験から言うと」と私は伝えました――「あなたの人生に成熟した知識をもって語りかけてくれる思慮深い年配のクリスチャンと、あなたと同世代の若いクリスチャンに共有することを勧めます。私は、同性愛傾向との葛藤において、支え、異なる視点を与え、笑い（そう、あまり心を重くしすぎないことが本当に重要です）、励まし、助言をくれ、戒め、忠告し、そして何よりも祈りのために、頻繁に頼ることのできる親しい友人がいなければ、ここまで来ることができなかったと思います。この戦いの中で神の愛を感じることができなかったとき、友人が私の肩に手を置き、「私はあなたを愛しているよ、私もずっと一緒に闘ってるんだよ」と言ってくれることは、ある意味、他の方法ではなかなか受け入れることのできない神の愛の現れなのです。

大学時代にこのようなことばを書くことはできませんでした。なぜなら、私は自分の葛藤について仲間に話したこともなければ、その後私が受けたような深い慰めとサポートを経験したこともなかったからです。卒業後、ミネアポリスに移り住み、都会の大きな教会で奉仕に携わるようになって初めて、同性の仲間との恋愛感情のない友情が、私の全人的な癒やしへの道のりにおいていかに重要であるかを知ることになったのです。

デニーのアドバイスで、引っ越した後すぐに、新しい教会の牧師の一人（すでに数年来の友人でした）に会う約束をし、自分の性的な悩みを打ち明けました。もう秘密はありません。私は光の中を歩むことの前味を経験したので、それがもっと欲しくなったのです。私は何より教会が教会であるところを見たいと思いました。そしてオープンであることの自由とコミュニティの慰めを感じることの意味を知りたかったのです。

その数週間後、カウンセラーとの面談を行い、それが転機となりました。彼は、「今から二年後、君がここでできた友達を見渡して、『誰とも親しくなれなかった』なんて言ってほしくない」とはっきり言いました。そして、その日以来私を悩ませることになる質問をしました。「他の男性を深く知り、親密になったとしたら、どこか不適切で、危険で、不快なものになってしまわないかという恐れから、他の男性と距離を置いてしまっていることはありませんか？」私はそのようなことを考えたことはありませんでしたが、彼がそう質問した途端、私の心の片隅を熱い、白い光が刺すような感覚がしました。私は、自分の秘密を共有し、この道を一緒に歩んでくれる同年代の男友達を一人（もしくは二人か、三人）見つける必要があると感じながらその場を去りました。

ある夜、下町の独身寮の寝室の汚いカーペットの床に、同年代の男性たちで円になって座っているときのことでした。私は彼らに助けと祈りを求める寸前までいく出来事を経験しました。二段ベッドの隅に取り付けられたブラックライトが光り、棚の上にはお香が焚かれ、一人がギターをかき鳴らしています。スパゲッティを食べた後にみんなでくつろいでいました。友人の一人が同性愛の話題を出した瞬間、私は膝の上に顎を乗せ、心臓の鼓動が早まり、手のひらに汗をかくのを感じました。「この中に、ゲイやレズビアンの友達がいたことがある人はいる?」もう一人の友人のチャーリーは、「いるよ」と答えました。彼には大学時代の親友に、同性に惹かれる性的指向と葛藤していた友人がいたのです。「彼と僕は一緒にロック・クライミングに行って、話しをするんだ。」チャーリーは言いました。「ほとんどは彼の話を聞いてるんだ。一日、二日、あるいは数時間、ポルノを見なかったら、一緒にお祝いをする。そして、次の日に誘惑が来たときでも、そこに神の恵みがあることをお互いに伝え合うんだ。」

チャーリーが友人との関係を語るのを聞きながら、私はそのとき、彼の声から稀に見る思いやり、理解、そして尊敬の念を感じました。もしかしたらこの感受性を私にも示してくれるかもしれないと信じ、私はリスクをとることにしました。数週間後、ダウンタウンのインド料理店で夕食を食べた後、「家に帰る前にちょっと話したいことがあるんだけど……」と切り出したのです。夕飯を食べながらおしゃべりしている間は胃が落ち着かなかったので、ほんの少し肩の荷が降りたのを感じました。

「分かった」とチャーリーは言いました。私の声が震えている理由を彼は不思議に思ったでしょうか。彼は教会の駐車場に彼のフォード・エクスプローラーを停めると、エンジンを切りました。十月だったので、秋の冷たい空気が車内に入り込み、少し身震いしました。

「僕について知っておいてほしいことがあるんだ」と私は弱々しく話し始めました。私は、自分がゲイだと彼に伝えました。私は思春期から、あるいはその直後からそのことに気づいたこと、またおそらく子どもの頃から自分の性的指向の予兆を感じていたことを伝えました。また私は癒やしを求めて祈ってきたことも伝えました。そして、私のために一緒にいてくれて、その当時打ちのめされそうになっていた緊張と混乱の経験の中で、どう生きていけば良いのかの答えを見つけることを助けてくれるクリスチャンの友達（つまり同年代の友達、仲間）がひたすら欲しいのだということを伝えたのです。

私が話し終えたとき、チャーリーは静かでした。「他に何か言いたいことある？」と彼は聞きました。私はあまりにも多くを話しすぎてしまったかもしれないと思い、頭を振りました。そして彼は、「ウェス、僕はこの事を全然変だとは思わないよ」と言ったのです。

「いや、でも変なんだよ！」と私は大きい声で言い返しました。

「いや、ごめん。そういう意味じゃなくて。」チャーリーはやはり静かに言いました。「つまり、君の話してくれたことは僕にとって驚きではないんだ。いつも誰かが僕にこういうことを共有してくれるとき、なんで僕？って圧倒されるんだ。こんな聖い信頼みたいなこと——僕でいいのかなって。」私たちは寒くなるまで話し続けました。それからチャーリーは再びエンジンをかけ、祈り、そして私のアパートまで送ってくれました。

ミネアポリスでの残りの時間は、強烈で頑固な苦悩と、私のセクシュアリティについて話したチャーリーを含めた人々（牧師、年配の既婚の友人、他の独身者たち）による愛情に満ちた牧会的ケアと育成によって構成されました。深夜に何杯もコーヒーを飲み、涙を流し、床に顔をつけて教会のメンバーと祈ることを通して、私はコミュニティの中で自分の性的指向と格闘することを学び始めました。

ヘンリ・ナウエンは、障害者施設ラルシュでの生活について、「デイブレイクで過ごしたこれまでの数年は、決して容易なものではなかった」と記しています。「心にいつも多くの闘いを抱え、精神的にも、感情的にも、霊的にも、痛みを感じてきた。その何一つとして克服したと言えるものはない。[4]」私はミネアポリスで過ごした時間について、同じように感じています。二年後にミネアポリスから引っ越したとき、私の闘いはまだ終わっていないと知っていました。しかし同時に、何か良いことが、何か決定的なことが、私にすでに起こっていたことも知っていたのです。私はもはや、ただ葛藤しているのではなく、神の臨在の中で、仲間とともに、良い葛藤をすることを学び始めたのです。

✝ § ✝

ゲイ・クリスチャンである私の人生を、特に適切に描写している二つの聖書的なイメージがあります。どちらもパウロの手紙から来るものです。一つ目は、コリント人への手紙第一6章9〜11節に記されています。「あなたがたは知らないのですか。正しくない者は神の国を相続できません。」パウロはそう問いかけてから、神の支配が、心の中のすべての反抗をまだ征服していないことの証拠である習慣的な罪のリストを示します。「思い違いをしてはいけません。淫らな行いをする者、偶像を拝む者、姦淫をする者、男娼となる者、男色をする者、盗む者、貪欲な者、酒におぼれる者、そしる者、奪い取る者はみな、神の国を相続することができません。」パウロはここで暗い展望を描いています。同性愛が言及されていることに、刺すような非難を感じる人にとっては余計そう思われるでしょう。しかし、この絵はまだ完成していません。「あなたがたのうちのある人たちは、以前はそのような者でした。」以前は、つまりこれは過去のことなのです。「しかし、主イエス・キリストの御名と私たちの神の御霊によって、あなたがたは洗われ、聖なる者とされ、義と認められたのです。」コリントの教会には、同性愛的行為による罪によって汚れた者がいたとパウロは述べます。しかし「あなたがたは洗われた」とパウロは続けます。コリントの人々が父と子と聖霊の名によって水のバプテスマを受けたことを指しているのでしょう。このバプテスマは霊的な聖めと、教会の交わりの一員とされたことの象徴です。この信仰の始まりのしるしによって、コリントの人々は古い習慣の汚れから洗われ、赦され、信者の共同体の一員となったのです。「あなたがたは洗われた。」

私自身の同性愛傾向の複雑な起源が何であれ、私は誘惑に負ける意図的な選択をしてきたことも事実です。その選択のゆえに私の同性に惹かれる性的指向が強まった可能性もおそらくあるでしょう。これまでの人生を振り返ったとき、私はつきまとう強い欲求の誘惑に負けた夜を悔やんでいます。だからこそ、私はこの洗われたというイメージにしがみつくのです。私はイエス・キリストと聖霊の働きによってすでに洗われ、聖められ、義とされたのです。洗礼のことを振り返るたびに、神は、私の思い、心、体から同性愛を含む性的な罪のシミを洗い、神の家族と教会に加え、そこでクリスチャンとしての成長のための支えと慰めと刺激を与えてくださったことを思い出すことができるのです。

私の葛藤を表現する第二のイメージは、ローマ人への手紙8章23〜25節からです。堕落した被造物とともに、「それだけでなく、御霊の初穂をいただいている私たち自身も、子にしていただくこと、すなわち、私たちのからだが贖われることを待ち望みながら、心の中でうめいていいます。」パウロは、クリスチャンが将来の遺産を得るために、聖霊という「頭金」を持っていることを描写します。しかし、御霊に包まれている私たちは、その誓約を喜ぶだけでなく、その完成を切に願うのです。陣痛を経験する母親のように、ただ待つしかないのです。「私たちは、この望みとともに救われたのです（未来の体の贖い）。目に見える望みは望みではありません。目で見ているものを、だれが望むでしょうか。私たちはまだ見ていないものを望んでいるのですから、忍耐して待ち望みます」とパウロは続けます。

この後の章で述べるように、私のゲイ・クリスチャンとしての人生の大半は、いかに待ち望み、忍耐し、我慢し、いらない重荷に耐えるかについて時間をかけて学ぶことでした。私の机の上には、ドイツの詩人ライナー・マリア・リルケの格言を書いた小さな紙が貼ってあります。「自分の心の中で未解決のことすべてを忍耐しなさい。[5]」自分の弱さを忍耐するということは、永遠のこちら側で満たされた（wholeness）人生を歩もうとするときに生じる緊張関係を表した、パウロが推奨したあり方だと思います。神が最終的に世界を再生させ、私たちの死んだ体を蘇らせるとき、同性愛というものはなくなるでしょう。しかし、それまでの間、私たちは見えないものに望みを持つのです。

洗われた者として待ち望む。それが私の人生です。それが赦され、霊的に聖められた者としてのアイデンティティであり、苛立ちを覚えるような肉体のとげの中で、神が約束されたことを待ち望むという葛藤なのです。それがこの本のすべてです。

# 第1章　物語に形づくられる人生

私はキリスト教の家庭で育ち、その後キリスト教大学に通いました。同性愛に対して、教会が世間一般からすると不人気な立場を取っていることを知るのに、そう時間はかかりませんでした。教会は何世紀にもわたって、同性愛の行為は人間の生き方に対する神の願いに反する、と信じ、教えてきたのです。そして近年になっても、（事実上変更不可能な「同性愛指向」を持つ人がいることを考慮しながらも）カトリック、正教会、プロテスタントの多くの教会は、同性愛の実践は神の意志から外れているという立場を保持しています。同性愛の感情や欲求に基づいて行動することは、人間が豊かに生きるため（原文＝flourishing）の神のデザインに反している、という考えです。[1]

クリスチャンは歴史上、聖書を読むことを通してこの立場にたどり着きましたが、今日の教会も同様です。旧約聖書の創世記（1～3章）と、イエスの離婚に関する教え（マタイ19・3～9、マルコ10・6～8）は、神から与えられた人間の性的表現が、一人の男性と一人の女性の間の結婚の文脈にあることを示しています。したがって、原則的に同性愛を排除していることになるのです。

また、イスラエルの律法は、男性同士の性行為を明確に禁止しています。「あなたは、女と寝るように男と寝てはならない。それは忌み嫌うべきことである」（レビ記18・22）。

同性間の性行為に言及している創世記の一つの箇所では、ソドムとゴモラの都市が陥った道徳的腐敗のうちの一例として同性愛を紹介しています。ソドムに住むアブラハムの甥のロトの家に一組の御使いが訪ねて来たとき、乱暴な男たちが訪問者を人間の男性だと勘違いし、ロトに御使いたちとセックスすることを許すように要求した箇所です（創世記19・1〜11）。

キリスト教の創立文書でもある新約聖書は、旧約聖書に見られる同性愛行為に対する否定的な評価から逸脱していません。福音書には、結婚は一人の男性と一人の女性の間の契約から成り、神の本来の創造のデザインの現れであるというイエスの教えが記録されています。また、エルサレムの初代教会も同様に教えました。使徒と長老たちはアンティオキアの教会に手紙を書き、レビ記18章に則って「淫らな行いを避ける」（使徒15・20、29）ことを求めています。これは旧約聖書の同性愛に対する規則が、イエスと聖霊の到来後も有効であることを示唆するものです。

パウロは、ユダヤ人として受け継いだ伝統と、彼が旅をした、生まれたばかりのクリスチャン共同体の教えに倣い、同性愛的な結合を、神の新しい創造である教会に対する御心の範囲外として描きます。パウロは同性愛を行う者は神の国を受け継ぐことはできない、とコリントの信徒に厳しく警告し（Ⅰコリント６・９、10、Ⅰテモテ１・８～11参照）、彼の最も偉大な手紙の一つであるローマ人への手紙では、同性愛行為を異邦人の偶像崇拝と不信仰の生々しい一例として選んだのです（１・18～32）。

このような聖書箇所を根拠に、キリスト教会は一貫して同性愛の実践に「ノー」と繰り返し述べてきました。例えば、一九八六年の「同性愛者への司牧的ケアに関するカトリック教会のすべての司教たちへの書簡」で、カトリック教会は次のように表現しています。

性的機能の使用が道徳的に善いものでありうるのは（男女の）婚姻関係においてのみです。それゆえ、同性愛的行為を行う者は不道徳な行為をしているのです。同性の相手を自らの性的活動のために選ぶことは、性についての創造主の計画の豊かな象徴性や意味、そして言うまでもなくその諸目的を無効化することです。（中略）彼ら（同性愛者）が同性愛的行為を行うとき、彼らは自ら無秩序な性的指向を認めていることになるのです。（中略）

あらゆる道徳的無秩序と同様に、同性愛的行為は神の創造の知恵に反して働くことによって、その人自身の実現と幸福を妨害します。[2]

また、私が数年間通っていたある福音派の教会は、同じような見解を声明文の中で表明していました。

私たちは、異性愛は神が人類に対して明らかにされた意志であること、この性的指向を貞節と誠実さの中で表現すること（独身であれ結婚関係の中であれ）が、神が愛に満ちておられるがゆえに、すべての人を召している理想であると信じます。

私たちは、同性愛の性的指向は、すべての人に浸透している人類が罪深い状態に陥った結果であると信じます。同性愛の生物学的あるいは成育的な要因が発見されたとしても、それが同性愛の行動を容認したり、許容したりすることにつながるとは信じません。しかしそのことによって、性的な誘惑から自由になろうと努力している人たちに対する共感と忍耐は深まるでしょう。

私たちは、同性に惹かれる性的指向を持つ人に希望があること、イエス・キリストがこの世とは異なる癒やしを与えてくださることを信じます。それは罪の力が破られ、当事者がキリストにある真のアイデンティティと教会の交わりを知り、経験することができるように自由にされることです。

私たちは、この自由は、同性愛的行為を罪として認識し、同性愛的行為の実践を放棄することを含むプロセスを通じて達成されると信じます。[3]

つまり、自分がゲイやレズビアンであることを知りながら、キリストに従い、信仰共同体の一員となり、福音の求める聖さに生きたいと願う人々（つまりクリスチャンであり、教会の一員でありながら、同性に惹かれる人々）に対して、教会は、「あなたはその欲求に従って行動してはならない」と語るのです。

§

諸君の気分を害するつもりはないが、教会も「あなたはこのように行動しなければならない」と命じるリーダーのような存在なのだ。あなたは好き勝手な経験をする自由を持っていない。人は必ず、誠実で、柔和で、従順でなければならないし、法律に従わねばならない。たとえそれがどのような法律であったとしても。

（アラン・パトン『クライ――愛される国家』〔訳注＝アパルト・ヘイトを批判した小説〕）

私や他の多くの人々にとって、同性愛の実践に対する聖書の証言と教会の伝統的な教えの重みは、説得力がないように思えることが多々あります。聖書の一節やバチカンをはじめとする教会指導者の声明は、ゲイやレズビアンの人々が同性愛関係に性的な充足感を求めないようにするには、十分な説得力がないように思えるのです。実際、説得力がないだけでなく、これらの聖書箇所や声明文は時代遅れで、少なくとも残酷であり、実際のところ実践することも達成することも不可能に思えてしまいます。

その理由の一つを考えてみましょう。もし、神が同性愛の行為に反対しているというのが本当なら、神を喜ばせようとする何千人もの人々は、最初から失敗する運命にあることになってしまいます。なぜなら、すべての人にとって（ましてや性的エネルギーの正当なはけ口がない同性愛のクリスチャンにとってはなおさら）常に完全に禁欲することは不可能と思われるからです。神は、ゲイやレズビアンのクリスチャンを最初から失敗するように仕向けているのでしょうか？

先日、大学時代の友人を訪ねる旅で、日曜日をフィラデルフィアのセンターシティで過ごしました。朝の礼拝に出席した後、私は「ゲイバーフッド」と呼ばれる、その名のとおりゲイ・フレンドリーな商業施設が立ち並ぶ地域を車で走りました。夏の朝は、明るく暖かい午後へ移り変わりました。私が車の窓から顔を出すと、赤レンガの本屋から虹色の旗がはためくのが見え、またいくつかのバーの開いたドアから音楽が聞こえてきました。私は静かに考えていました。この地域で過ごしている人々が、私がたった今礼拝した教会に歓迎されていると感じるためには何が必要なのだろうか？　彼らは自分のライフスタイルが罪の意識を増幅させ、すでに神の恵みと赦しに手が届かなくなったという印象を抱いているのだろうか？　クリスチャンであることは、同性愛を実践することを諦めることだと聞いたとき、彼らの中には希望が腹の底に沈んでいくのを感じる人がいるのではないか？

仮にゲイやレズビアンの人が教会に行きたいと思い、何らかの霊性を実践し、神を見出そうとしたとしたら、その後はどうなるのでしょうか。ある悩めるレズビアンの女性がこのように話すのを聞いたことがあります。「レズビアンでありながら、クリスチャンであろうとするのは、あまりにも難しい。誘惑に負けないでいられるわけがない。つまり、それは神が私に望んでおられるような人生を送ることは決してできないということです。私はレズビアンとしての行為に陥り、キリスト教の霊性を実践する試みはそれで終了するのです。」多くのレズビアンやゲイの人たちは、神はあらゆる同性愛行為を赦すことは不可能で、実際赦すことはないだろうと感じています。このため、純潔を求める要求は現実的でないように思われるのです。

同性愛の実践に対する教会の伝統的な「ノー」が説得力を持たない理由は他にもあります。一つは、愛と恵みと豊かな命というキリスト教のメッセージにそぐわないように思えるからです。時折、キリスト教の「良い知らせ」である福音が、私の幸福を阻害するようなことを要求し、ましてや同性パートナーシップや同性愛的な関係や行為を断つことを要求するのは、いかに不可解なことであるかを改めて思い知らされることがあります。もし福音が本当に希望と約束に満ちているならば、福音は人々が愛に満ちた性表現をする同性同士の関係を結ぶことを支持する（少なくとも反対はしない）はずなのではないでしょうか。なぜ福音が愛に反対することができるというのでしょうか。

また、私たちゲイやレズビアンのクリスチャンは、教会から不当に特別視され、特に厳しい要求を突きつけられているように感じることがあります。実際問題、現代社会において、同性愛者ほど教会が直接的かつ鋭く敵対している集団が他にあるでしょうか？　異性愛者には少なくとも結婚という選択肢があり、その結果、性的衝動が満たされる可能性があります。同性愛者クリスチャンには、そのような可能性はありません。私たちの性的指向が逆転しない限り（つまり異性愛者にならない限り）、ゲイやレズビアンのクリスチャンには、私たちの最も深い性的な求めを満たすことができる希望はないのです。

イギリスのあるゲイのクリスチャンの証しを読んだことがあります。彼はしばらくの間、禁欲を試みたものの、それがうまくいかないことに気づきました。彼は、何週間も誘惑に負けず、希望に満ちた「良い感覚」の時期を経験します。しかし、その後我慢のダムが決壊し、一夜限りの相手を探しに街へ繰り出すことになります。そして、そのたびに罪悪感にさいなまれるのです。この罪と罪悪感と後悔のサイクルを解決するために、彼は同性愛のクリスチャンであることをカミングアウトし、一人のパートナーとの同性婚に踏み切ったのでした。

正直、私はこの解決策に同情します。ゲイ・セックスへの欲求に押しつぶされそうな深夜の孤独な夜に、私は何度も欲求に圧倒されそうになり、この欲求不満から抜け出す方法は簡単で、ゲイのパートナーを見つければ、誘惑を耐え忍ぶ長い闘いを終わらせることができることを思い出します。私の最も深く、最も強く、最も繰り返される欲求に度々「ノー」と言い続けることは、しばしば、不可能であり、まったく望ましくないことのように思えます。もし、ゲイのクリスチャンの性的指向が固定化されていて、それを変える望みがほとんどないのだとすれば、彼または彼女に対して、生涯それに抵抗し続けることを期待して本当に良いのでしょうか？

聖書の証言や、教会が同性愛の実践に否定的な態度をとることは、大きな負担を強い、抑圧的で、息苦しく、サディスト的でさえあるかもしれないと、私たちの文化のあらゆる事柄は語ります。性的に活発であることが最もいきいきとした豊かさであり、完全に、真に、そして最も美しい人間のあり方であると、影響力のある声は揃って主張します。異性愛者にとってそうであるなら、同性愛者にとっても当然同じではないでしょうか？　もし、ゲイやレズビアンの人たちの性行為の喜びを否定するなら、彼らは萎縮した人生を送ることにならないでしょうか？　もし、教会がゲイやレズビアンのクリスチャンに同性間の性行為を控えるように要求したら、それは彼らの人間性を奪うことにならないでしょうか？

神学的な口調に置き換えられているものの、同じような主張をクリスチャンからも聞いたり読んだりすることがあります。創世記によれば、「人が一人でいるのはよくない」（2・18）のだと彼らは述べます。さらに、イエスは「重くて負いきれない荷を束ねて人々の肩に載せる」（マタイ23・4）宗教指導者を非難し、「わたしのくびきは負いやすく、わたしの荷は軽い」（マタイ11・30）と言われたのです。これは、ゲイやレズビアンのクリスチャンが、自分の性的な求めを満たしてくれるパートナー不在の人生を過ごさなくとも良いという意味に違いないと言うのです。あるクリスチャンの友人が私に書いてくれたように、「もし癒やしの祈りやカウンセリングに効果がなく、異性との関係が成り立たないのなら、コミットメントを伴う一人のパートナーとの同性愛関係は、教会によって尊重されるべきだ」という声です。

要するに、さまざまな理由から、同性愛の実践に反対する聖書と教会の教えを受け入れることを決断するのは、ときに簡単ではないように思えます。

† § †

聖書の命令は、適当な命令ではなく、世界の現在と将来のあり方に適ったものである。

（リチャード・ボウカム『神と自由の危機』）

イエスの復活から数年後、初期のクリスチャンたちは、その対抗文化的なライフスタイルで知られるようになりました。周囲の文化が富や快適さを求める物質主義的な価値観を吹聴する中、クリスチャンたちは自らの財産や持ち物を売り払い、その収益を彼らの交わりの一員である貧しい人々に配りました（使徒２・45）。社会が囚人やその他の不適格者を暗い地下牢に追いやったのに対し、クリスチャンは虐げられている人々を訪れ、しばしば食べ物や暖かい衣類を持参し、社会から追放された無力な者たちのために尽くしました（ヘブル13・３）。異教徒の社会生活では、宴会騒ぎが盛んでした（「好色、欲望、泥酔、遊興、宴会騒ぎ、律法に反する偶像礼拝」〈Ｉペテロ４・３〉と記されているように）。しかし初期のキリスト教徒は、毎週「愛餐会」と呼ばれる集まりを持つことで知られていました。そこで彼らはイエスのからだと血を象徴するパンとワインを分かち合い、賛美歌と祈りでイエスを礼拝していたのです。

ギリシャ・ローマ文化の常識や規範からかけ離れたその生き方の動機は何だったのでしょうか？　初期キリスト教会の倫理観はどこから生まれたのでしょうか？　新約聖書を読み返すと、初期のクリスチャンたちを動機づけたのは福音の物語だったことを感じます。彼らはそれを説教、パンを裂くこと、ぶどう酒を分かち合うことなどを通して語り継ぎました。当時、クリスチャンになるとは、「イスラエルとイエスの物語をよく学び、その物語によって自らと自らの世界を解釈し、体験すること」[4]でした。福音とは、「存在のあらゆる側面を構成するための包括的な枠組み、あるいはストーリー」[5]であり、このストーリーこそが、ラディカルでこの世と真逆な生活パターンを促進したのです。

初期キリスト教徒がキリストに対して抱いた対抗文化的な忠誠心、つまり彼らの「倫理」は、「聖書の中に象徴的かつ物語的に示された一連の神学的確信（例えば、神の創造の良さ、イスラエルとの契約、キリストによる悪、罪、死に対する勝利、神の支配の到来、聖霊の力づけ等）を離れては意味を持たない」とスコット・ベダーセイは記しています。[6]当時の一般的な文化からすると彼らは気が狂っていました。しかし、イスラエルの聖書と福音の世界観からすれば、彼らの行動は唯一の合理的な選択肢を示していたのです。

教会に限らず、人生の多くの場面で規則や要求はその根拠や理由が分かりやすいものでなければ、厳しく、ときに危険にさえ思われます。両親の警告（「十一時までに帰宅しなさい！」）や教授の課題（「この記事を読んで要約しなさい」）は、それらのルールが位置づけられるより大きな枠組みを子どもたちが理解していなければ、気が狂いそうになるものに感じられるでしょう。初期のキリスト教徒にとって、御子イエスを通して行われた神のみわざの物語は、彼らの奇妙で不自然な選択と行動が意味をなすような大きな枠組みを提供したのです。

† § †

「私は何をすべきか」という問いに答えることができるのは、その前提にある「私はいかなる物語の一部なのか」という問いに答えることができる場合だけである。

（アラスデア・マッキンタイア『美徳なき時代』）

過去に何人かの男性と付き合い、今は同性のパートナーと暮らしている友人がいます。「私はレズビアンではない」と彼女は言います。「レズビアン的関係を持っているだけ」なのだと。その友人の交際関係について考えているうちに、私の状況は彼女とまったく逆であることに気づきました。私はゲイですが、同性愛的関係を持っているわけではありません。そこで疑問が生じます。なぜ私はそうしないのでしょうか？

私は、（慎重に、頻繁に、あらゆる角度から）ゲイのクリスチャンである私が性的な充足を追求することを妨げるものは何であるかについて考えてきました。私のように自らの性的指向に苛立ちを覚えている人には、明白で簡単な解決策があります。相手を見つけ、自分の同性に惹かれる衝動を抑圧するのではなく表現することを学べば良いのです。パウロ自身も、手紙の中で「欲情に燃えるより、結婚するほうがよい」（Ⅰコリント７・９）と述べているではありませんか。しかし、そのような選択肢がある以上、誰かが自発的に欲求が満たされない状態に留まるのには理由があるはずです。なぜ、私は禁欲を選ぶのでしょうか。

表面的には、聖書や教会が同性愛者に欲求のままに行動しないように要求していることは、古風で、命を奪い、抑圧的であるように見えるでしょう。しかし、もし私がその要求をより大きな物語の中に位置づけるなら、もしかすると（あくまでも、可能性ですが）それほど不合理で、厳しく、達成不可能なものには見えないのではないでしょうか。神がキリストにおいてこの世界のために成し遂げてくださった出来事、というキリスト教の物語が、「同性のパートナーと寝てはならない」や「同性のパートナーと寝るという欲求や幻想を育もうとしないこと」というルールを、理にかなったものにすることは可能なのではないでしょうか。

これらの疑問は、私が同性愛の欲求に「ノー」と言うことを選択する決め手となりました。結局のところ、私が自ら選択した道を歩んでいるのは、個々の聖書箇所や、同性愛の実践に反対する教会の伝統的な教えからくるプレッシャーによるものではありません。むしろ、神がイエス・キリストのうちに行われた真実の物語の文脈を通して（そして聖書に明確に表現されているその物語から溢れ出る人生観や世界観から）、それらの聖句、伝統、教えを見ることだと思います。ジグソーパズルのピースがようやく正しい位置に固定されるように、キリスト教の大きな物語の中の一つのピースとして見たとき、私にとって聖書と教会の同性愛行為に対する禁止令は、（かつてJ・B・フィリップスが新約聖書は「真実の響きを持っている」と述べたように）理解できるものになるのです。私が同性愛的行為を控えるのは、この聖書の物語が持つ力によるものです。

しかし、実際問題、それはどのようにして可能なのでしょうか？　キリスト教の物語のどこが、「同性とセックスをしてはならない」という奇妙で古風な命令を、実行可能で、合理的であるとさえ思わせるのでしょうか？　具体的には、キリストにおける神のみわざの物語は、聖書と教会に従うことが理にかなっていると思えるような文脈を私に与えてくれるのでしょうか？

第一に、キリスト教の物語では、イエスの死と復活を受け入れるすべての人に（同性愛行為を含むすべての）罪の赦しを約束しています。

新約聖書の同性愛に関する教えで最も印象的なことの一つは、同性愛行為を非難する箇所のすぐ後に、例外なく、神の贅沢な憐れみと救いを肯定する箇所があることです。神は同性愛的行為を非難しつつ、驚くべきことに、惜しみない大きな犠牲を払って、同性愛者に愛を注いでいるのです。

パウロはコリントのクリスチャンにこう書きました。

「あなたがたは知らないのですか。正しくない者は神の国を相続できません。思い違いをしてはいけません。淫らな行いをする者、偶像を拝む者、姦淫をする者、男娼となる者、男色をする者、盗む者、貪欲な者、酒におぼれる者、そしる者、奪い取る者はみな、神の国を相続することができません」（Ⅰコリント6・9〜10、強調は著者）。

しかし、その直後、パウロは、次のように大胆に愛を宣言しています。「あなたがたのうちのある人たちは、以前はそのような者でした。しかし、主イエス・キリストの御名と私たちの神の御霊によって、あなたがたは洗われ、聖なる者とされ、義と認められたのです」(11節)。新約聖書は、「正しくない者」が贖われるという良い知らせで鳴り響いています。イエスのたとえ話に登場する放蕩息子のように、過去に何をしたかにかかわらず、同性愛者も赦され、神の宝物として取り分けていただくのです。

テモテへの手紙第一1章8~11節にも、コリント人への手紙と同じように同性愛行為に対する非難が記されています。

> 私たちは知っています。律法は、次のことを知っていて適切に用いるなら、良いものです。すなわち、律法は正しい人のためにあるのではなく、不法な者や不従順な者、不敬虔な者や罪深い者、汚れた者や俗悪な者、父を殺す者や母を殺す者、人を殺す者、淫らな者、男色をする者、人を誘拐する者、嘘をつく者、偽証する者のために、また、そのほかの健全な教えに反する行為のためにあるのです。祝福に満ちた神の、栄光の福音によれば、そうなのであって、私はその福音を委ねられたのです(強調は著者)。

しかし、この冷たく断罪的なことばの直後に、「『キリスト・イエスは罪人を救うために世に来られた』ということばは真実であり、そのまま受け入れるに値するものです」（15節）と続くように、すべての種類の罪人がこの約束に含まれているのです。

ローマ人への手紙の中で、同性間の性行為の話題が手紙の開始直後に登場するとき（1・18〜32）、パウロは、神がイエス・キリストを通して人間（そして全宇宙）を再創造されたという壮大な物語の中にそれを位置づけています。同性愛的な行為を厳しく糾弾しつつパウロは述べます。「こういうわけで、神は彼らを恥ずべき情欲に引き渡されました。すなわち、彼らのうちの女たちは自然な関係を自然に反するものに替え、同じように男たちも、女との自然な関係を捨てて、男同士で情欲に燃えました。男が男と恥ずべきことを行い、その誤りに対する当然の報いをその身に受けています」（1・26〜27）。

しかし、この非難は、これまで記された中で最も強力な福音の説明の文脈の中にあります。「すべての人は罪を犯して、神の栄光を受けることができず、神の恵みにより、キリスト・イエスにある贖いを通して、値なしに義と認められるからです」（3・23〜24）と、パウロは二章後に述べています。「しかし、私たちがまだ罪人であったとき、キリストが私たちのために死なれたことによって、神は私たちに対するご自分の愛を明らかにしておられます。ですから、今、キリストの血によって義と認められた私たちが、この方によって神の怒りから救われるのは、なおいっそう確かなことです。……それだけではなく、私たちの主イエス・キリストによって、私たちは神を喜んでいます。キリストによって、今や、私たちは和解させていただいたのです」（5・8〜9、11）。

聖書学者リチャード・ヘイズは、「パウロは同性愛への言及を罪と死の箇所に位置づけ、それに対する神の決定的な答えが十字架なのである」と記しています。「ローマ書1章の同性愛に対するさばきの言及は、決してキリストの十字架による恵みと希望のメッセージを語る他の箇所と切り離して読んではならない。[7]」

時々、このように思うことがあります。もうこれだけ妄想の中で同性愛の欲求に負けてしまったのだから、すでに手遅れなのではないか。もういっそのこと、禁欲などというものを捨てた方がいいのではないか。神様はもう私を赦したくないだろう。しかしその度に、私は福音を思い出すのです。

キリスト教の良い知らせは、イエス・キリストの死と復活によって、罪が赦され、罪科が拭い去られ、あらゆる神の怒りが取り除かれるということを、豊かに示しています。この視点から見るなら、私たちが同性愛の衝動に「ノー」と言うことを求めることは、不可能なことではないように思われます。もし私たちが過去に失敗したとしても、私たちは恵みを受け、白紙に戻る再出発ができるのです。もし今日、または明日、神の命令に忠実であることに失敗したとしても、それさえも赦されるのです。過去の同性愛的な罪や現在の失敗が、神の恵みの範囲を超えていると感じたとしても、それが福音の要求を受け入れることを阻む障壁になることは決してありません。神はすでに私たちの反論を想定して、十字架の憐れみで贅沢にもそれに答えてくださったのですから。

§

聖書が同性愛の実践を禁じていることに意味を見出すために、キリスト教の物語が文脈を提供する二つ目の視点があります。神がキリストを通してなさったことは、すべてのクリスチャンが、その性的指向が何であれ、（神が私たちのすべての自然な欲求や情緒に挑戦し、脅かし、危険にさらし、変えてくださる中で）私と同じフラストレーションをすべての人がある程度経験するということを私に思い出させるのです。

神学者のロバート・ジェンソンはこう述べています。

結局のところ、聖書は同性愛的行為に関して明確に記しています。姦淫は誰にとっても罪であるのと同様に、それは誰にとっても道徳的な破綻です。もちろん、法のあらゆる命令は、その人が何に惹かれるか（predilection）に応じて、ある人にとっては他の人よりも厳しいものになるしょう。この堕落した世界では、神が作ったものであれ人間が作ったものであれ、すべての法律に関して常にそのようなことが言えるでしょう。では、神の律法は、異性に魅力を感じない人、あるいは嫌悪感を感じる人にフラストレーションを与えるものなのでしょうか。残念ながらそういうことになるでしょう。堕落の結果、それぞれの性的指向を持った私たち一人ひとりは、何らかの苦痛（おそらくは深い苦痛）を伴うかたちで、神の律法に阻まれることになるのです。[8]

このジェンソンの指摘が身に染みたのは、最近フランスを訪れたときでした。パリのオルセー美術館で、フランスの写実主義者フェルナン・コルモン（一八四五〜一九二四）の、縦二十三フィート、横十三フィートもある絵を鑑賞したときのことです。その絵に目をとめた瞬間、私は魅了されました。その絵の題材は、十人近い古代の砂漠の旅人の一団で、全員が移動していました。ほとんどが半裸で、かなり年配の女性たちは垂れた乳房を露出していました。行列の最後尾には犬と、棒にかけられた死体を肩に担ぐ旅人がいます。全員砂と汚れにまみれ、背景は砂と岩の荒涼とした大地です。一行の先頭には、この絵の焦点となる一人の老人がいます。腰は曲がっているものの、明らかに筋肉質で、労苦のために疲れ果てています。彼の白髪は乱れ、髭は長く無性に伸びています。最初にこの絵を見たとき、私は彼の岩のような体に目を奪われました。彼は明らかにリーダーであり、大胆で威厳のある人物でありながら、老練で世を忍んでいる人物でした。タイトルを確認する前からこの絵は魅力的だったのですが、題名が「カイン」であることを確認すると、さらにその魅力が増しました。カイン。この絵は最初の殺人と神の呪いの結果、荒野をさまようことになったカインを描いていたのです。私は啞然とし、一歩下がって、その新しい知識のもとでこの絵の意味を再認識しました。

私にとって、コルモンの「カイン」を見ることは、聖書の神、つまり福音の神が「危険な神」であることを思い出させました。カインはアベルを殺害し、「あなたの弟アベルは、どこにいるのか」（創世記4・9）と、神はその責任を問われます。カインは神のすべてを見渡す視線から逃れ、その問いに含まれる暗黙の告発をかわそうとします。しかし、神のかたちに造られた人間としての尊厳をカインが放棄することを神は拒まれます。神はカインに対して真剣に向き合うのです。カインの行為を重く受け止めるためにさばきを与えるのです。カインの罪を無視するのではなく、殺人へと導いたカインの怒りを呪いつつ、カインが生き続けることができるように恵み深く関わられるのです（4・10〜15）。一言で言うと、神はカインの人生（少なくともカイン自身が知っていて愛している生き方）を、さばきと憐れみ深い変革の可能性で脅かしているのです。

旧約聖書にも新約聖書にも、このような物語はたくさん登場します。創世記では、族長のヤコブがある男と格闘する場面が描かれています。その男は、ヤコブを砕くことによってヤコブを祝福しようとする神の使いだったということが判明します。ヤコブは、ももの関節が外れながらも、自分が恐れと憧れを抱く「危険な神」を象徴する人物にしがみつきながら言います。「私はあなたを去らせません。私を祝福してくださらなければ」（32・22〜32）。同様に、使徒の働きに記されているペテロの説教のクライマックスは、「神はまず、そのしもべを立てて、あなたがたに遣わされました。その方が（中略）祝福にあずからせてくださるのです」と述べます。しかし、その祝福とは通常の方法ではなく（宇宙的なサンタクロースのように人々を甘やかすのではなく）、「あなたがた一人ひとりを悪から立ち返らせ」（3・26）という方法によってもたらされるのです。

私は時々、「私や他の人々が、ホモセクシャルなクリスチャンとして神の前で忠実に生きるとはどういうことなのだろうか」と改めて考えることがあります。そのとき、私はコルモンの絵やこれらの聖書のことばを思い出し、福音の神は、私たちが「通常運転」で過ごすことを「脅かされる」ことで知られていることを思い出すのです。神は、どこか遠い空の彼方の椅子に揺られている寛容なおじいさんとはほど遠く、私たちの同性愛的な感情や行為を重く受け止めていることを明かされるとき、それは危険で厳しく、冷酷に見えるものです。カインのように私たちはときに、神と関わるとき身悶えするのです。私たちの思考、感情、選択が永続的な結果をもたらすことを思い起こさせる不都合な存在として、また同時に、私たちを徐々に、痛みを伴いながらも、神の望む存在へと変えてくださる輝く光として神を経験するのです。

イギリスの神学者ジョン・ウェブスターは「教会は福音の『抵抗』に直面する」と語っています。これは、福音が慰めをもたらすなら、同時に葛藤ももたらすという意味です。[9]なぜなら福音はクリスチャンの堕落した心の傾きに抵抗するからです。私たちがキリストにおいて神と関わり、福音から流れ出る聖さの命令を真剣に受け取るとき、私たちは常に自らの罪深い妄想と欲求に対抗し、立ち向かうことになります。私たちゲイ・クリスチャンが自らのセクシュアリティを神の前に差し出すとき、私たちは聖化のための長く犠牲の伴うプロセスを開始または継続することになるのです。神の視点からすると、私たちの同性に惹かれる性的な指向は、「渇きに苦しむ人の塩への渇望」（フレデリック・ビークナーのすばらしい表現を借りれば）のようなものかもしれません。[10]しかし、神がその渇望を変え、最終的な渇きを癒やす生ける水を与えようとし始めると、私たちは痛みに叫び、自分は塩のために造られたのだと抗議します。その変化は痛みを伴うからです〔訳注＝ここでの「変化」とは、「性的指向」の変化のことではなく、私たちの「欲求」がセクシュアリティではなく神に向けられるようになることを意味している。性的満足に人生の幸福（ヘテロセクシャル含め）を見出そうとする現代文化そのものへの批判〕。

あるゲイ・クリスチャンが友人に宛てた手紙で、「同性愛者は信仰共同体から排除されるべきなのでしょうか?」と尋ねました。「当然そのようなことはあってはならない」と友人は結論づけます。「しかし、そのような共同体に参加する人は、そこが変革の場、規律の場、学びの場であり、単に慰められたり、甘やかされたりするための場ではないことを知るべきです。[11]」神と関わり、教会の聖化の歩みに入ることは、何をしても良いというある種の「フリーパス」、つまり、私たちを現状のまま放置される「無条件の愛」を得るということではありません。その代わりに、私たちが手にするのは、激しく求める神の愛、つまり、私たちを洗い、造り変え、最終的には癒やされる神の支配から決して逃がさない神の愛です。

そして、このことは、私たちの痛み(つまり、私たちの深く染み付いた傾向や欲求が、神が求める福音の聖さに阻まれ、挑戦される痛み)は、神が望む人生を私たちが送ることができないことのしるしであるどころか、逆に私たちの忠実さのしるしとなりうることを意味するのです。私たちは福音の呼びかけに忠実であるがゆえに、もどかしさの中でうめき声を上げます。短期的に見ると、個人的な充実感や性的な満足感を得られないかもしれません。しかし、長期的に見れば、むしろ神がなさる最も残酷なことは、私たちを欲求のままに放置し、神が鍛錬されるために必要な葛藤を与えないことではないでしょうか。

「神はキリストにあって、人々をありのままの姿で受け入れてくださるだけではなく、神が望まれる姿に変えるために受け入れてくださるのです」と、歴史学者のアンドリュー・ウォールズは述べます。[12] この視点に立ったとき、私たち同性愛のクリスチャンも、他のクリスチャンの仲間と同様にこのような変化を経験する必要があるということは、そこまで不思議なことでないのではないでしょうか。

§

キリスト教の物語は、私たちの体は神のものであり、キリストのからだという共同体の一員となったことを宣言します。これが、聖書と教会が同性愛の実践に否定的であることが私にとって意味を成す第三の理由です。

創世記の最初のページから、聖書は私たちが何よりもまず最初に被造物であるという真理を告げ知らせます。預言者エレミヤとパウロは、陶工と粘土の比喩を用います。神は芸術家であり、私たちはその土の器です。「人よ。神に言い返すあなたは、いったい何者ですか。造られた者が造った者に『どうして私をこのように造ったのか』と言えるでしょうか。陶器師は同じ土のかたまりから、あるものは尊いことに用いる器に、別のものは普通の器に作る権利を持っていないのでしょうか」（ローマ９・20、21）。

福音は、私たちが神のものであることを二重に宣言しています。第一に神が私たちを創造したからであり、第二に神が御子のみわざによって私たちを贖われたからです。「私たちの中でだれ一人、自分のために生きている人はなく、自分のために死ぬ人もいないからです」と、パウロは比喩的に述べます。「私たちは、生きるとすれば主のために生き、死ぬとすれば主のために死にます。ですから、生きるにしても、死ぬにしても、私たちは主のものです。キリストが死んでよみがえられたのは、死んだ人にも生きている人にも、主となるためです」（ローマ14・7〜9）と、パウロは述べます。

私たちは自分自身の所有物ではないからこそ、神は望まれるものを私たちに要求することができる、と福音は常に述べてきました。現代の私たちの耳には公正ではないと聞こえるかもしれませんが、厳密に言えば、私たちは「譲れない権利」を持ってはいないのです。神はすべての権利をご自分のために留保しておられます。そしてそれは、私たち人間が自分の身体を使って何をするかというセクシュアリティの領域にさえも及んでいます。「からだは淫らな行いのためではなく、主のためにあり、主はからだのためにおられるのです」（Iコリント6・13）。

パウロはコリントの信徒にこう諭し、こう付け加えました。「あなたがたはもはや自分自身のものではありません。……ですから、自分のからだをもって神の栄光を現しなさい」（19〜20節）。しかし、私たちの体は主のものであるというだけではありません。パウロの考えでは、私たちの体は互いに属しているのです。「一つのからだには多くの器官があり、しかも、すべての器官が同じ働きをしてはいないように、大勢いる私たちも、キリストにあって一つのからだであり、一人ひとりは互いに器官なのです」（ローマ12・４〜５）。「個人の自由」や「民主的独立」という私たちの一般的な理解と、これほどまでに激しく対立する文章を見つけるのは難しいことでしょう。新約聖書学者のリチャード・ヘイズはこう記しています。

バプテスマによって、クリスチャンはキリストのからだ全体に組み込まれ、その健康はそのメンバー全員の行動に懸かっているのです。罪は体内の感染症のようなものであり、したがって、道徳的行動は単に個人の自由と好みの問題ではありません。新約聖書は、性行為を、合意の上での成人間の間で行われる「個人的な関心事」だとは決して考えていません。パウロによれば、私たちがクリスチャンとして行うすべてのことは、私たちの性的習慣も含めて、キリストのからだ全体に影響を与えるのです。[13]

福音の観点から見ると、クリスチャンの性的充足に絶対的な権利や無条件の保証はありません。そしてこれが、聖書や教会が同性愛的行為を禁止していることが、福音の文脈で考えれば考えるほど、意外でも恣意的でも不公平でもないように思えるもう一つの理由なのです。もしすべてのクリスチャンが交わりに入るときに、自分の体をキリストのうちに神に委ねなければならないとしたら、神が実際にそのクリスチャンとその体に何かしらの要求をすることがあっても、大きな衝撃を受けることはないはずです。それは神のみが私たちを支配する権威があることを証明するものです。

† § †

最後に、第四の理由として、キリスト教の物語は、キリストの苦しみに参与する者としての「長い忍耐」を推奨しています。このように考えると、「同性間の性交渉を断つのは難しすぎる」という私の反論は、以前ほど強くも説得力もないように思われるのです。

大学時代にドイツ語の授業を受けていたとき、古代チュートン地方やスカンジナビア地方の神話には、「運命の戦士」という理想像が存在していることを知りました。この戦士は、最後に破滅が待っていることを十分承知で戦いに臨む戦士のことです。「勝利よりもむしろ敗北こそが、真の英雄の証しである。戦士は、目を見開いて避けられない運命に突き進むのだ。」[14]

この発見以来、私はこの理想像はキリスト教の物語と深く共鳴しているとよく思うようになりました。福音書の最も飲み込みにくく、対抗文化的で私たちの直感に反する教えの一つは、困難な重荷を忍耐強く耐え忍ぶことは良いことである、というものです。福音は実際に、このような忍耐を、イエスのために、そしてイエスとともに日々「自分に死ぬ」こととして勧めています。キリストの愛に包まれた者は、決して最終的な敗北を経験することはありません。しかしこの地上（原文 =this side of God's new creation）においては、本当の安らぎは訪れないかもしれないということを知りつつも、目の前の戦いと向き合う必要があるのです。私たちは生涯、特定の弱さと闘うかもしれません。しかし私たちの戦場に行きなさいという召しは変わりません。たとえ短期的に「勝利」が見えなくても、「長く厳しい闘いに耐えることには多くの美徳がある」と、私の友人がかつて述べていました。

「泣くことを学び、警戒することを学び、夜明けを待つことを学ぶ。おそらく、これが人間であることの意味なのだろう」とある人がつぶやきました。[15] 重要なことは、このような「長い忍耐」は、福音がゲイやレズビアンの人々だけに与える特別な任務ではないということです。あらゆる種類の、あらゆる背景を持つ多くの信者が、福音の要求に忠実であるために拒否しなければならないさまざまな欲求と闘っているのです。フランシス・シェーファーは友人への手紙の中で、独身でいることを選んだ同性愛のクリスチャンは、「性的な充足感のない人生というジレンマに直面しなければならない」と記しました。「私たちは彼らとともに涙を流すでしょう。しかし、自己憐憫に陥りすぎてもいけません。例えば強い性的欲求を持ちながらも誰とも結婚できない女性も同じような葛藤を経験しているからです。どちらも堕落した世界の異常性の一部であることは間違いないでしょう。[16]」シェーファーのことば遣いや考えは少し古いかもしれませんが、彼の指摘している点は福音の精神に合致しています。

かつて、私が同性愛との葛藤でどん底にあったとき、年上の独身の友人に手紙を書いたことがあります。「どうしたら、このフラストレーションを抱えたまま生きていけるのでしょうか?」と、自暴自棄になりながら尋ねました。そして友人から以下の返信が来ました。

君のメールには、結婚や親密さへの憧れについて詳しく書かれています。そのような関係を経験しないことは、満たされない欲求を抱えたまま生きることを意味するでしょう。しかし、私は断言します。たとえあなたが結婚や家庭の祝福を受けることなく一生を過ごさなければならないとしても、あなたは一人ではありません。多くの人が、同じ境遇にある(あるいはあった)のです。私は四十一歳、童貞で、他の女性とも男性とも肉体関係を持ったことがない者です。そのような関係に憧れを持っているでしょうか? もちろんです。しかし、神の恵みは、私の中で目的を達成するのに十分なのです。また、満たされない欲求を抱えて生きるということは、人間の経験の中では例外的なことではなく、通常のことだと私は思います。結婚している人の多くも、かつてソローが述べたように、「静かな後悔の人生」を送っているのです。間違った相手と結婚した、あるいは結婚生活の中で苦しみを抱えている、あるいは現状に閉じ込められ、より高い使命感を満たすことができない、と感じている人は大勢います。満たされない欲求を挙げればきりがありません。

私の友人は、福音は必ずしも同性愛の欲求を持ちながら生きることの苦痛からの救いを約束するものではない、と言い切りました。その代わりに、福音はその痛みのただ中で、またその痛みを通して働く神の不思議なみわざについてのメッセージなのです。それはフィリップ・ヤンシーのことばを借りれば、神の「錬金術」です。[17]「わたしの力は『弱さ』のうちに完全に現れるからである」と主はパウロに言われました（Ⅱコリント12・9、強調は著者）。

自分の葛藤に対処するための一つの方法は、他の人が満たされない願望にどのように対処したかについて読むことでした。シェーファーは、結婚したくても何らかの理由で相手が見つからない多くの異性愛者について述べています。そのような人々は、クリスチャンである以上、自分のセックスに対する欲求を、福音の求める聖さに従わせなければなりません。彼らは何度も、性的な充足を差し控えることを選択しなければならないのです。そして、同じような境遇の人はたくさんいます。

私が自己否定との戦いに真剣に向き合っていた頃、私の葛藤をよく知る友人がウェンデル・ベリーの小説『ジェイベル・クロウ』を手渡してくれました。[18] ベリーは、大恐慌の時代、ケンタッキー州のポート・ウィリアムという架空の町に店を構えた優しい理容師を描いています。街に着いて間もなく、彼は数歳年下のマティ・キースという少女に目を奪われます。「彼女が私に向けた短い、微笑んだ視線は、私が特別に見られていると感じさせました。彼女の視線を受けた後の私は、まるで暗闇の中でも輝いているかのように感じたのです」とジェイベルは切々と回想します。[19]

この最初の出会いから数年後、マティはトロイ・チャサムと結婚することになります。トロイはダメ人間で、小説が進むにつれて、マティの家族から相続した豊かな農地の美しさと微妙なバランスが少しずつ壊れていきます。マティの夫への愛情が次第に解け始める中、ジェイベルも彼女への憧れが愛に変わったことに気づくのです。そしてある日突然、それは天啓のような力で彼を襲います。

「長い間、どうしたら良いのか分からなかったんだ」とジェイベルは後に語っています。「ふさわしくない独身者が人妻と恋に落ちるなんて」。小説の終盤、ジェイベルは自分の選択肢を考えます。マティへの思いと、自分の名誉や誠実さとの間で葛藤し、悩みます。そして、愛情を告白することはできない、と彼は決心します。その代わり、ある日彼は大好きなケンタッキーの森の中で、奇妙で孤独な儀式を行い、神の前で、「マティを、（もし妻がいたとしたら）自分の妻のように愛し、大切にする」ことを誓うのです。

時折、彼は自らの決断に疑問を抱くこともありました。あるとき、「君と結婚していない人と勝手に結婚するのは合法なのか？」と、頭の中で声がします。

私は、「相手が知らない限り、何人と結婚しても合法なんだと思うよ」と答えました。

「でも、それじゃあ何の慰めもないじゃないか。」

「いや」と私は答えました。「確かに、何の慰めもないね。」

しかし私は笑うことができました。私はまだ、安住の地にたどり着いていませんでした。何一つ問題を解決したわけでもなく、すべての理解を超えた平和に近づいたわけでもありません。それでも私は変わったのです。[20]

ジェイベルは語ります。「ときには、なぜ自分がそのようなことをしたのか、頭と心でその理由が理解できることもありました。そして、その犠牲を歓迎しました。でも、ときには自分が砂漠に住んでいて、喜びも希望もなく、昔の自分の気持ちを思い出せないときもありました。そのとき、信仰だけで生きていたのです。希望なき信仰です。[21]」

これが、ジェイベル・クロウの誠実さの代償でした。彼は、より高いコミットメントのためにマティのいない生活の苦しみを受け入れ、より高いコミットメントのために、彼はマティに愛を告げず、マティと寝ないという選択をしました。そのような忠誠心はいつか意味を成し、何らかのかたちで報われるというわずかな確信のもとに。そのジェイベルの葛藤と、同性愛のクリスチャンである私の葛藤との関連を見るのは難しいことではないでしょう。

このような不完全な信仰と忍耐の物語は、私を鼓舞し、希望を与えてくれます。私は同性愛者のクリスチャンとして一人ではありません。神の望みから外れていると信じる衝動に、自発的にノーと言うことを選んだのは、私だけではないはずです。

「だれでもわたしについて来たいと思うなら、自分を捨て、日々自分の十字架を負って、わたしに従って来なさい」（ルカ9・23）とイエスは言われました。イエスはこのことばによって、クリスチャンになることを選択したすべての人が受け入れなければならない命令を発したのです。ジェイベル・クロウのように人妻を求める苦しみ、あるいは私のように同性に惹かれる苦しみ、すべてのそのような苦しみは、信仰の視点から見れば、すべて自分を捨てなさい〔訳注＝原文は death and self-denial〕というイエスの呼びかけに従ったものです。

私たち同性愛者のクリスチャンが経験する悲しみと苦しみは、性的欲求を満たす確かな希望に別れを告げることです。福音に忠実であることを選択することで、私たちは必要な限りこの重荷に耐えることに同意するのです。

§

キリスト教の物語は、聖書のすべての要求は、召しであり、呼びかけであり、招きであることを宣言しています。その物語は、私たちが真実で、美しく、そして善い人間性を経験することへと招くのです。

Ｃ・Ｓ・ルイスはかつて、この問いに直面したことがありました。キリスト教の聖さを追求すると、私はナイーブで、世間知らずで、経験不足になってしまうのではないか？　もし私が福音の指示に従うなら、私は世間から隔離された僻地の田舎者になり、現実の人間の経験を知らず、まったく無関係になってしまうのではないか？　この反論に対して、ルイスはこう記しています。

善良な人は誘惑の意味を知らないという愚かな考え方が現在はびこっています。これは明らかな嘘です。誘惑に抵抗しようとする人だけが、誘惑の強さを知っているのです。……五分後に誘惑に負けた人は、一時間後どのような状況になっていたかを知りません。ですから、悪人は、ある意味では、悪さについてほとんど知らないのです。キリストは、誘惑に決して屈しなかった唯一の人であり、だからこそ誘惑の意味を完全に知っている唯一の人でもあります。つまり彼は唯一の完全な現実主義者なのです[22]。

ルイスのこの一節について、私は多くの時間を費やして考えてきました。そしてそれは認識の逆転、価値観の転換を求めているということを徐々に理解してきたのです。多くの人は、ゲイのクリスチャンである私が同性間の性交渉を控えるというのは、私が生きるに値する唯一の人生から、慎重で哀れなままに自分を守ることを選んでいる、と言うかもしれません。ルイスはこのような反論を一蹴し、「いや、実は見逃しているのは同性間の性交渉を実践する人の方だ」と大胆に主張するのです。

しかしルイスのような大胆な主張は、イエス・キリストが真の人間の尺度であるという新約聖書の教えを受け入れる場合にのみ通用する、と私は気づくようになりました。イエスの裁判でピラトは「見よ、この人だ」と叫び、彼が知っている以上のことを述べました（ヨハネ19・5）。カール・バルトが宣言したように、「この人は真の人間である」のだと[23]。キリスト教神学に織り込まれているのは、イエス・キリストがこれまで生きてきた中で最も真実で、最も完全で、最も栄光に満ちた人間であるという主張であり、そして、真の完全で豊かな人間性を経験したい人は、イエスの人間性に倣って自分の人生を計画しなければならないという主張です（ローマ８・29、エペソ４・20〜24、コロサイ３・１〜17）。

「イエスは完全に満たされた人間のモデルである」と聖書学者ウォルター・モーベリーは述べます。「福音書はイエスを、魅力的で、人々と真剣に関わり、パーティーでは良い仲間である人物として描いています。しかし、すべての証拠は、彼が性的禁欲者として生きたことを示しているのです。[24]」イエスが結婚せず、女性とも男性とも一度も性的関係を持たなかったことは、個人的満足を追求する現代では驚きかもしれません。彼は決して欲望に屈しませんでした。彼は人間のあらゆる誘惑を経験しましたが（ヘブル４・15）、決して性的な罪を犯しませんでした。しかし、彼はこれまで生きてきた中で、最も真実で、最も完全な人間だったのです。まさに、一度も罪を犯さなかったからこそ、彼は真に完全な人間でありえたのです。聖書の観点からは、罪は人間性を汚し、シミとなります。しかし、イエスはそのようなシミを感じることはありませんでした。

これは、イエスの真の人間性を共有したい人はみな、独身でなければならないということを意味するのでしょうか。いいえ。しかし、それはセクシュアリティに関する私たちの現代的な考え方を変えるものです。それは、セックスをすることが真に、完全に生きるために必要であるという私たちの思い込みを取り払います。もしイエスが禁欲し、彼が真の人間らしさの尺度であるならば、私も禁欲してよいのです。そしてそのことによって、私は究極的に敗者にならないということを信頼できるのです。

「現代のゲイ・ムーブメントの流行ではなく、キリストの中に自らのアイデンティティを見出し、キリストへの忠実さの中に適切なライフスタイルを見出すことができるだろうか。そして、独身を、人生を豊かにするキリストへの忠実さであると認めることができるだろうか」[25]とモーベリーは問います。イエスを模倣し、私の考え、信念、欲求、希望をイエスに合わせ、イエスの人生を共有し、イエスの福音による同性愛の実践への「ノー」を受け入れることで、私はより完全に生きるようになるのです。キリスト教の教えによれば、キリストに似た聖さは、真の人間性と同じものです。私にとって同性愛の実践を断念することは、完全で、豊かで、満ち足りた人生に「イエス」と言うことです。

§

私が同性愛と葛藤していたとき、世界が私の上に崩れ落ちたように感じた時期がありました。ミネアポリスに住んでまだ数か月だった私は、孤独と混乱と恐怖で、ときには肉体的にも重荷を感じていました。大学を卒業したイリノイ州のホィートンに短期間戻ったとき、親友のクリスと会う約束をし、寒い冬の午後、私は自分の気持ちを伝え、彼に助けを求めました。

その日、クリスが私に言ったことばの中で、ひとつだけ印象に残っていることがあります。共感に満ちた声で、彼は言ったのです。「初代教会の偉大な神学者オリゲヌスは、私たちの魂は生まれる前から神とともに存在していたと信じていた。もし、彼が正しかったとしたらどうだろう？　僕は彼の考えが正しいとは思ってない。でも、一旦もしそうだったらと想像してみてほしい。自分が神の前に立って、これから生まれてくる地上の人生を天から見下ろしているところを想像してみるんだ。そして、神が君にこう言ったとする。『ウェス、君を六十年か七十年か八十年、この世に送り出そうと思う。それは辛いことだろう。実際、あなたが今想像しているよりも、もっと辛く、混乱し、苦しみを経験するだろう。あなたは自分の肉体にとげがあり、罪と死が壊した世界に入った結果、同性愛指向を持つようになり、一生そのとげと格闘することになるかもしれない。しかし、私はあなたとともにいる。私はあなたの一歩一歩を見守り、私の霊によってあなたを導き、一日一日に十分な恵みをあなたに与えるのだ。そして旅の終わりに、あなたは再び私の顔を見るだろう。そのとき、私たちが分かち合う喜びは、私があなたに与えた力によって、あなたが忠実に耐えた苦悩から生まれたものになるだろう。そして、その喜び、つまり、今経験したとしたらその重さに押しつぶされそうになるほどの、あの確かな復活の喜びを、誰もあなたから奪い去ることはできないのだ。』」

「ウェスレー」、クリスは私の目を見て言いました。「もし君が神とこのような会話をしたとしたら、この地上への旅にイエスと言ったかい？」　私がうなずくと、クリスは深い気遣いに満ちた声でさらに強くこう言ったのです。「でもね、君はある意味もうすでにこの会話をしていたんだよ。神様は君の人生の物語の作者だ。神様は君を見ていて、刻一刻とその御霊を与えてくださっている。そして、君の体を主とともに死からよみがえらせ、贖われた偉大な仲間たちとともに永遠に生きるようにされるんだ。そして、そのときの喜びは永遠に君のものとなる。それを知っていたとしたら、君は耐えることができると思うかい？　神様がいつも君を見ていて、君が耐え忍ぶことを助けるのを喜んでいるとしたら、孤独な道を歩き続けることができると思うかい？」

「君の闘いは、心のない、誰も見ていない、偶然の失望の連鎖では決してないんだ。」私はその日クリスが、そう私に語ったのを聞きました。誠実さは決してギャンブルではないのです。そのときの喜びは、今の苦労に見合うだけの価値がある。誠実さには価値があるのです。私はそのようにして、ゲイ・クリスチャンとして忠実に生きることを学んでいるのだと思います。

## 《間奏》美しい傷跡

私が初めてヘンリ・ナウエンの名前を聞いたのは高校生のときでした。ナウエンがカトリックの司祭で、キリスト教霊性に関する本を執筆している人気の著作家だという程度の認識であった私は、地元の市立図書館で『放蕩息子の帰郷』の挿絵入りのハード・カバー版を手に取りました。

形式上はルカの福音書15章にあるイエスのたとえ話の黙想でありながら、ナウエンのこの著書は単なる聖書の学びにとどまりません。彼はこの本の中で、レンブラント・ファン・レインの十七世紀の絵画「放蕩息子」のレンズを通して、自分自身と神との関係を考察しています（オランダ人であるナウエンは、ゴッホやレンブラントといった同じオランダ出身の画家の作品に親近感を覚えるということをよく口にしていました）。

ナウエンは『放蕩息子の帰郷』の序文で、ロシアのサンクトペテルブルクを訪れ、エルミタージュ美術館で何時間もこのレンブラントの傑作の前に座っていた経験を語っています。絵を細部まで観察する中で、彼は反抗的な弟息子、忠実に仕える兄、憐れみに満ちた寛大な父親というそれぞれの人物に次第に共感するようになっていったと言います。その結果、イエスのこのたとえにより深く入り込むことができるようになり、彼にとってこの物語は、自分自身の霊的な旅路をたどる軌跡のようなものとなりました。

ナウエンのこの著作を初めて読んだとき、私は思春期も真っ盛りで、自分に自信がなく、疑問や混乱でいっぱいでした。家族の長男として育ち、根本主義の教会に通っていた私は、いつも立派で厳格な模範的人物として振る舞っていました。十六歳で早くも両親に、「神様は自分をフルタイムの直接献身に召されているかもしれない」との考えを伝えました。教会では、夏の聖書研究やユースのためのリトリートの企画者として皆から慕われていました。しかし人前で見せていたそのような姿の裏で、私の内面には隠れた願望や恐怖が渦巻いていたのです。ナウエンが自分自身をイエスのたとえ話に登場する兄のような存在として描く箇所を読んだとき、私は衝撃と安堵が入り混じったような感覚をもって、彼が描いているのは私のことだ、と気づいたのです。

両親の期待にそって生きようとし、従順で勤勉な子だと思われたいのは、とりわけ兄息子のほうではないだろうか。人を喜ばせようとしがちだ。またたいていは両親を失望させることを恐れる。さらに、かなり早い時期から弟や妹たちに、ある種のねたみを抱くようになることが多い。弟や妹たちは、人を喜ばせることにあまり関心がなく、「自分のしたいことをする」自由がたくさんあるように思える。

わたし自身、確かにそれが当てはまる。自分は行なえそうもないのに、周りにいる多くの人に見られる不従順な生き方に、変な好奇心をいつも隠し持っていた。わたしは、なすべきことをすべて行なってきた。私の人生で、親のような役割を果たした多くの人々――教師、霊的指導者、司教、そして教皇――から要求された項目にほとんど応じてきた。しかし同時に、弟息子がしたように、なぜそこから「逃げ出す」勇気を持たなかったのかと疑問に思うことも多い。

……わたし自身も、善き人間になりたい、人に受け入れられ、好かれ、他人の良き模範となれるように熱心に励んできた。罪に陥らないように意識的に努力し、誘惑に屈することをいつも恐れていた。そのせいで、生真面目さ、道徳的な堅苦しさ（狂信すれすれの）を招き、父の家でくつろぐことが、ますます難しくなった。わたしは自由を失い、自発性がなくなり、遊び心が消え、他の人はますますわたしのことを、何となく「重苦しい人」と見るようになった。[1]

高校生の頃、私はナウエンの他の著作を何冊か読みました。そこで知ったことは、イェール大学とハーバード大学の神学部教授であった彼は一九八六年、人生の危機的状況の最中にあって、権威ある教職を辞し、カナダのオンタリオ州リッチモンドヒルに位置する心理的・身体的障害を持った人々のための施設、ラルシュ・デイブレイク・コミュニティで居住牧会者として奉仕する召しを受け取ったということでした。ナウエンの伝記作家ミッシェル・フォードによれば、彼がデイブレイクに行くことを決めたのは、「アメリカでは見出せなかった交わりと居場所を求める彼自身の必要から生じ」たからでした。[2]

ナウエンがデイブレイクに到着して間もなく、コミュニティは彼にアダム・アーネットという二十五歳の青年の世話をするように指名しました。アダムはてんかんの発作に苦しんでおり、人の助けなしには話すことも動くこともできない状態でした。ナウエンは、アダムと、他に障害を持った四人とともに共同生活をすることになります。「ヘンリの仕事は他の四人のアシスタント・スタッフと同様、障害を持った人々とともに生活し、様々な業務をこなすことでしたが、そのほとんどは彼にとっては経験したことのない類の業務でした」とフォードは記しています。[3] ヘンリは毎日アダムを起こし、服を着せ、入浴を補助し、髭を剃り、朝食を作り、食事をさせ、歯を磨き、車椅子に乗るのを手伝いました。そしてアダムを家から出し、道路に沿って押して行き、デイブレイクで予定されている、おもに治療を目的とした運動プログラムの会場まで送りました。

ナウエンは、アダム・アーネットとの関係について記した本の中で、「たいへんに澄みきったアダムの心は、わたしにとって彼の人格ばかりでなく……神の心をも写していたのだった」と書いています。この著作を私は、高校時代に『放蕩息子の帰郷』を読了して間もない頃に読みました。「多年にわたる研究や思索や神学校教育の後にアダムがわたしの人生に現れ、わたしがかつて学んだすべてのことをその命と心で告げ知らせ、要約してみせたのだ。[4]」アダムを通してナウエンは次のことを教えられたと感じました。「神が私たちを愛するとは、どのようなものであるかを学んでいた。神は、心にも、知能にも障碍があり、不明瞭なつぶやきやうめき声にしか聞こえないようなもので答えている私たちを愛しておられるのだ。[5]」

アイビーリーグの一流大学の地位を離れ、アダムのような、よだれに汚れ、感謝のことばも発しない「無気力な人」の世話をする仕事を引き受けるというナウエンの奇妙な選択は、そのいきさつを読んだとき、私に深い印象を残しました。アダムに手を差し伸べる中で自分自身の人生のうちに計り知れない豊かさを味わうようになったナウエンは、イエスのことばの真理を確かに見出したのです。「自分のいのちを救おうと思う者はそれを失い、わたしと福音のためにいのちを失う者は、それを救うのです」(マルコ8・35)。「受けるよりも与えるほうが幸いである」(使徒20・35)。

数年の間、私がナウエンについて知っていたことは、この『放蕩息子の帰郷』と『アダム——神の愛する子』という二冊の著作を通して読んだ内容のみでした。ところがある日の午後、ミネソタ州のセント・ポールにあるルター神学校の図書館で、ナウエンの新しい伝記に目が留まりました。私はロビーにある「新着図書」の棚の近くに立ってそれを手に取り、読み始めました。そこでヘンリ・ナウエンが独身を貫いた同性愛者であったと知ったとき、私は、高所恐怖症に見舞われたか、不意を突かれたかのような衝撃と胃痛に襲われたことを鮮明に覚えています。同性愛の傾向ゆえに彼は、孤独感、愛されることや注目されることへの飽くなき渇望、拒絶されることへの耐え難い恐れ、安全で受け入れられる居場所を見出したいという尽きない願望と激しく格闘していたのです。

ナウエンの友人・教え子であった著者マイケル・オローリンは次のように述べています。「彼はどんな人間関係によっても満たされない愛と受容への求めを持っているようでした……友人も「自分のことを」忘れ、自分の人生から消えていってしまうのではないかと「恐れていました」[6]。」読みながら私は、まるで目の利くカウンセラーに私自身の心の状態を診断されているかのように感じました。当時私は、それまでの自分の人生の中で最も同性愛傾向との葛藤を激しく経験している時期にありました。孤独で打ちひしがれ、さらに悪いことに、友人や教会の神の家族が私に差し伸べてくれる愛や思いやり、サポートに対して無感覚になっていました。ナウエンが私と同じような願望や恐れと闘っていたこと、しかも生涯にわたってそれらと闘ってきていたことを知り、肩の荷が下りた安堵感と同時に、私の前にはまだ終わりなき長い道のりが待っているのだとも感じたのです。

私はその日、ナウエンの同性愛的傾向や孤独感についてさらに知ろうと心に決めて図書館を後にしました。その夜、自分の日記に次のように記しました。

ナウエンの伝記を通して読んだ内容は、私の心の状態に驚くほど一致していて、読むのが苦痛になるくらいだ。その本を手に取って読む人の前に、私の心がさらけ出されているかのように感じる。私の「慰めようのない秘められた思い」がそこに描かれている。自分は何度もひどい疑念と恐怖に襲われてきた。その大部分は、友人からの私に対する愛は確かなものなのかどうか、という疑念だ。ときに、喜びと混乱の間をジェットコースターで行き来しているかのような気分になることもある。週に少なくとも一度は絶望の暗闇に陥らない日はないように思う。ナウエンと同じく、私の不安は友人、特に最も親しい友人との関係のうちに最も顕著に現れる。私もまた、他者からの愛や親密な交わり、深く知られること、自分の心と魂の状態を打ち明けることを願う非常に深い欲求を持っていて、どんな関係によっても満たされることがないように感じる。

ナウエンは、自身の孤独と愛情への渇望について、頻繁に書きました。まるでいつまでも癒やされない傷に指で触れ続けるかのように、あらゆる著書の中でそのテーマに戻るのです。例えば、あるラテン・アメリカへの旅の際、彼は次のように日記に記しました。

私が渇望しているのは、承認、賞賛、敬愛を受けることよりも、単に「友情」なのだ。自分の周りにそれはあるのだろうが、私はそれを感知も受容もできずにいる。私のうちには自分を冷たくし、疲れさせ、厳格にさせている死んだ心があるのだ。クリスチャンであることの基本的な意味について考える小規模なセミナーに参加したが、そこで語られたことはほとんど私の心に響かなかった。自分が本当に欲しかったのはただ、握手と抱擁、キス、笑顔なのであって、そのどれも与えられることはなかったと気づいた。結局、すべてから逃れようと思い、昼過ぎに眠り込んでしまった。[7]

その後、別の箇所でもナウエンはこれと似た内容を書いています。

あるとき、わたしはひどく孤独を感じたため、ある友人を誘って気晴らしに出かけようとした。彼は時間がないからと断ったが、その少しあと、別の友人の家で行なわれたパーティで彼を見つけた。彼はわたしを見つけ、こう言った。「ようこそ。一緒にどうぞ。会えてうれしいよ」。しかし、そのパーティを教えてくれなかったことに、その場にいられないほどわたしは憤慨した。自分は受け入れられていない、好かれていない、愛されていないという不満が心にあふれ、わたしはその部屋を出て、バタンと扉を強く閉めた。わたしはすっかり力を失い、そこにあった喜びを受け入れることも、そこに加わることもできなかった。一瞬にしてそこにあった喜びが、わたしの恨みを引き出すもとになった。[8]

ナウエンの伝記作家は、彼が国と国の間の時差を無視して世界中の友人に真夜中に電話をかけ、孤独への切実な恐れと、友情や親しい交わりへの渇望について、繰り返し吐露しようとしたと記しています。あるときには、ナウエンは活力と情熱に満ち溢れ、彼自身が生涯夢中であった空中ブランコ曲芸師のように、感情を高揚させ、大きな手振りとともに生き生きと夕食会や講演の場で語りました。その一方で、その後寝室に戻って一人になると鬱状態に陥ってしまうのです。奇妙なことに、ナウエンは自分の葬儀に出席してくれる人は誰もいないのではないか、という恐れにうなされていました。[9] フィリップ・ヤンシーは、ナウエンが信仰生活に関する講演や著書の中で次のように語ったと書いています。「共同体に生きることで得た力について語った後に、車で友人の家に向かうと午前二時にその友人を起こし、すすり泣き、抱きしめてくれと言った。[10]」彼は晩年、性的でないかたちでの身体の抱擁を含むセラピーを受けることすら選択しました。[11]

セント・ポールの図書館で過ごしたあの運命的な日以来、その人生についての記事や本を調べるうちに、ナウエンの孤独との闘いは、私と同じように、同性愛的傾向の性質に深く根ざしているということが見えてきました。おそらく自身が同性愛者であったために、ナウエンは「親密な関係に憧れながらも、それがどこに向かっていくのか分からないという恐怖から、親密な関係から退いていた」のではないかとヤンシーは述べています。

性同一性〔訳注＝原文 sexial identity〕の問題と闘う牧者を何人か知っているが、彼らは同性愛者だと自覚し、追いつめられている。どういう形であれ、そのことを認めても受け入れられることがなく、受け入れてもらえる表明の仕方などなおさら存在しない。誠実な人が通る、これほど難しい道があるだろうか。今ナウエンの著作物を通して、語られることのなかった、より深い苦悶をあらためて見ている。それは拒絶について、癒やされることのない孤独という傷について、満足を与えることのない友情について綴られた文章の底に流れている。

ナウエンは、同性愛の男性や女性に伝道する施設にカウンセリングを受けに行き、同性愛の仲間が提案するいくつかの選択肢に耳を傾けた。独身の牧者であり続け、同性愛の男性として「カミングアウト」する道がある。そうすれば、苦しみながら耐えている秘密が解放されるだろう。自分で宣言し、牧者の職を辞し、同性愛の仲間を探し求める方法もある。公的には牧者のままでいて、私生活で同性愛者の関係を育むこともできるだろう。ナウエンはそれぞれの道を慎重に秤にかけ、どれも拒否した。どんな形であれ、真実の自分を公に告白し、牧者の仕事が傷つくことを恐れた。あとの二つの選択肢も不可能に思われた。自分は独身の誓いをし、性道徳について聖書やローマ・カトリックに導きを求めた人間なのだ。ナウエンは傷ついたまま生きていく決断をした。何度も何度も、決断した。[12]

ナウエンが同性に惹かれる自分の性質に気づいたのは、わずか六歳のときでした。そして、三十代前半でカンザス州トピカのメニンガー財団で働きをする中で、「ナウエンは自分の同性愛傾向をより痛感するようになります。彼はこれを障害と捉えたため、大いに悩み始めることになりました[13]」。彼の秘密の闘いを知る少数の友人たちは、「司祭、しかも有名な司祭であることと、(彼自身が負うべき十字架の一つでありハンディキャップと呼んでいた)自らのセクシュアリティを知っているという痛みの間に生きることとの、彼の人格の中心における絶え間ない葛藤」を感じ取っていました。[14]

一九八〇年代前半にハーバード大学で教鞭を取っていた頃、ナウエンは、ニューオーリンズにあるゲイやレズビアンの人々の相談と支援を行っているカトリックの団体に助けを求めます。彼は、その前年に聖フランシスコのイコン（聖像画）を描いてもらったイコン画家とそこで出会います。もう一枚イコンを描いてもらうわけにはいかないか、とナウエンは頼みました。自分が同性愛の行為を禁じる教会の規則に忠実に生きることを助けてくれるもの、「自分の同性に惹かれる感情と思いをキリストに向ける助けになるもの」を彼は求めていたのです。

その結果生まれたイコンが、「キリストと伝道者・聖ヨハネの聖画です。これは、ヨハネが最後の晩餐の場面でキリストの胸に寄りかかる典型的な描写ではなく、王座に座るキリストとそこに頭を垂れるようにして近づいていくヨハネを描いた画なのです」。フォードは次のように指摘します。「このイコンは、［ナウエン］自身の葛藤と解放の象徴になりました。彼はそれをベッドの向かいに置くことで、このイコンを朝起きて最初に見、夜寝る前最後に見られるようにしました。」彼は、「主よ、私はこれをあなたに献げます。この感情、この葛藤をすべてあなたに献げます、そして独身にとどまります」と常に言うことができる、視覚的な助けを手に入れたのです。[15]

☩ § ☩

初めてナウエンの『放蕩息子の帰郷』を手にしたときから、ミネソタの神学校図書館で偶然彼の伝記を目にしたあの午後まで、私はヘンリに不思議な親近感を抱いてきました。例えば、私が六歳のときに寝室でぬいぐるみたちを相手に説教をした録音が、今も両親の手元に残っているのですが、ナウエンも五歳の頃、自分で作った子どもサイズの特製の祭司服を着て、神父の役を演じ、おもちゃの祭壇でミサをしていました。[16] 私はまじめに道徳的に生きてきた長男で、両親には常に忠実に振る舞い、教会の期待にも応えてきました。ナウエンもまた、一歩も道から逸れることなく、常に喜ばれようとする完璧な兄の役割を自分に当てはめてきました。私は幼い頃から自分が同性愛者であることを自覚していました。ナウエンもある時期に、自分がゲイの性質を持っており、幼い頃からそうであったことを一部の人の前で認めるに至ります。

次の章で詳しく述べますが、私の人生の中での決定的な悩みは、孤独感でした。それはおそらく、私の同性愛傾向に深く、不思議なかたちで根差しているのだと思います。この点でも、私はナウエンの体験と驚くほど共通する部分を感じます。

ナウエンは、その代表作『傷ついた癒やし人』の中で、幼い頃から死ぬまでの間痛切に経験してきた、自らの人格形成に影響した強い願望について書いています。それは、愛、思いやり、友情、絶えることのない親密さ、生きる力を得られる交わり、自分が属しているという深い感覚、安全な場所、居場所といったものです。反対に、こうした願望が満たされないとき、拒絶、疎外、孤立といった傷が生まれていきました。私は、自分もそれらのうちに生きてきたからこそ、ナウエンのこれらの願望や傷をとてもよく理解できます。私は今まさに、その中に生きているからです。

孤独の傷口は、グランド・キャニオンのような、「私たちの存在の表面に深く刻まれた裂け目であり、その裂け目は美と自己理解の尽きぬ源となるのだ」とナウエンは記しています。このことばを通して彼は、神の強烈な憐れみのもとで、悪が善へと変わり、痛みや苦しみが贖われ、変えられ、灰の中から美が生まれることがあるという、福音の真実を告げているのです。「神を愛する人たち、すなわち、神のご計画にしたがって召された人たちのためには、すべてのことがともに働いて益となることを、私たちは知っています」（ローマ8・28）。傷跡を通して——それ自体は美しくなくとも——私たちは神の美しさを垣間見ることができるのです。

二千年ほど前、復活の日曜日が十字架の金曜日に取って代わりました。そして私たちの歴史の終わりにイエスが現れるときには、死は人類全体が復活することの前に道を譲り、古い創造物は滅びの束縛から解放され、新しい創造世界がやって来るのです。その日には、もはや孤独はありません。傷は癒やされます。私は、復活の日にヘンリ・ナウエンとともに立ち上がることを期待しています。私たちがもはや同性愛者ではなくなり、（他のすべてのクリスチャンの同性愛者とともに）贖われた者たちの交わりの中で、傷のない完全な者とされ、そして、ついに父のもとに帰るその日を心から待ち望むのです。

# 第2章　孤独の終焉

家庭と呼べるような場所を手に入れることができないかもしれず、一体となることができる相手を見つけられないかもしれないことを考えると、耐えられないように思える日がある。もしあなたがいなければ、この世界に数少ない、あなたのような人がいなければ、私は本当に耐えることができないだろう。

（W・H・オーデンがエリザベス・メイヤーに宛てて、ゲイのクリスチャンとしての自分の生について記した手紙、〈一九四三年〉）

イースターの日曜日の夜遅くのことでした。私は車のドアをバタンと閉め、むかつく胃をしずめるために深呼吸をし（吐いてしまうかもしれない、と思ったほどでした）、車のキーを回してエンジンをかけました。私は気分が悪くなるほどに孤独を感じていました。孤立していて、誰からも認められず、愛されていない。そのように感じたのはこのときが初めてではありませんでした。何週間も、いや何か月も前から、そのような孤独感に襲われることが数え切れないほどあったのです。

そのような状況のときは、室内から外に出るまで三十分かかることもあります。あの別れ際の長々しい会話（ミネソタ・グッバイと呼ばれています）を終えてようやく外に出たばかりでした。私は二件目のパーティーに参加していました。朝の礼拝が終わり、地下の私のアパートの部屋から外に出て、私のためにさまざまな役割をこなしてくれている男性と食事をともにしました。彼は私のアパートの家主であり、私の牧師であり、私の教会でのインターンシップの指導教官であり、そして友人でもありました。その食事の場には、彼の家族（奥さんと四人の子ども）、そして言うまでもなく友人や知人も集っていました。招待された人もいれば、この家にはいつも温かいもてなしと美味しい料理があると知っていたために、たまたま立ち寄っただけという人もいました。しかしこの食事の交わりのただ中にあって、私は絶望と戦っていました。

お昼を過ぎると、私はその場を抜け出して車に乗り込み、三ブロックほど離れたところにあるメソジスト教会へと向かいました。食料庫とホームレスのシェルターにもなっている教会です。私はそこで一週間に二日ほど働いていて、また日曜日の午後にはバイブル・スタディも主催していました。参加者は数人の女性たちで、そのシェルターに滞在している人もいれば、路上から逃れてフォルジャー〔訳注＝アメリカで広く普及しているブランド〕のコーヒーを飲むために早めに教会に来ている人もいました。心が乱れていた私は、その日の聖書箇所をもたつきながらなんとか読み終え、女性たちとともに祈り、手早く別れの挨拶をすませ、急いで車に乗り込みました。これまで数え切れないほどに感じてきた不安の叫びに耳を貸すまいともがきながらも、気分は悪くなるばかりでした。シェルターの裏にある駐車場から出て、アスファルトの路面の穴やひどい割れ目をうまくやり過ごしつつ、ミネアポリスのダウンタウンを出て郊外へと車を走らせました。その日に招かれていた二件目のイースター・パーティーは、数マイルほど北へ行ったところにある家で開催されていたのです。

私が到着した頃には、お昼どきから始まっていたそのパーティーはすでに落ち着き始めていました。家に帰る人もいれば、小さいグループに分かれてスクラブルやボグルなどのゲーム〔訳注＝いずれもアルファベットを正しくつづって単語を作っていくボードゲーム〕を始める人もいました。残っていたハムを食べた私は、すぐにまた気分が悪くなってしまいました。まるで私一人だけが外にいて、数枚の大きなガラスの扉に隔てられ、外から部屋の中をのぞいているような心地がしました。中をのぞけば、みなが笑い合い、語り合い、分かち合い、耳を傾け合い、手を取り合い、生き生きと交わっているのが見えるのです。だれもが三人ないし四人で輪になって身を寄せ合いながら、あるいは一対一で、会話を楽しんでいました。どうにかその輪に入りたいと思いながらもそうすることができず、ドアの外でものほしそうにみんなを見つめている私のことなど、誰も気づいていないようでした。

その友人の家を出たときにはもうずいぶんと時間が経ち、外も暗くなっていました。車を走らせながら、まったくおかしなことだと感じていました。二つのイースター・パーティーと、聖書研究会に出席していろいろな人と時間を過ごした一日だったにもかかわらず（しかもその中には親友と呼べるような人たちがいたにもかかわらず）、それでもなお絶望的に、徹底的に、もうどうしようもないほどに、孤独を感じていたのです。州間高速自動車道を走りながら、私は声に出して祈りました。「神様、助けてください。お願いです。今夜のうちに解決を与えてください。あなたの癒やしと助けが必要なのです。」

ようやくアパートに戻ってきた私は、わずかに震えており、胃は腫瘍ができたかのように痛んでいました。軽いパニック症状を起こしていたのです。私は、強迫性障害の啓発ポスターに描かれた子どものような、あるいはシェイクスピアのハムレットとアン・ラモット〔訳注＝アメリカの小説家〕を足して二で割ったような、そんな気分でした。ようやく私はイースターの日曜日用の服を脱ぎ、もっとゆったりとした服に着替えました。寝室のベッドに座ったり、居間のソファに座ってみたりしましたが、どこも落ち着きません。吐きそうになりながらも、私は祈り、気を取り戻そうとしました。結局、このような状態の私を数え切れないほど何度も見ている友人に電話をかけることにしました。「もしもし、僕だけど……。」再び話を聞いてくれることになった彼に向けて、弱々しい声で、この内なる混乱をなんとかことばにしようと努めました。いっしょに祈り始めると、私はついにたがが外れてしまいました。熱い涙が流れましたが、それは安心したからではありません。そう遠くない昔に泣き腫らしたのと同じ涙でした。そしてその涙は、私が狂いそうになるくらい、幾度となく答えを求めてきた疑問を思い起こさせました。この苦しみはいつまで続くのか？　押しつぶされそうになるほどのこの孤独を癒やしてくれる慰めは、どうすれば見つかるのか？　復活を祝うこのイースターの日曜日に、私は墓の中にいるような心地がしていたのでした。

§

この世界でよそ者のように扱われていると感じ、認められたい、誰かに応答してほしい、溝を埋めてほしいと願うこと……これらは私たちのうちにある、慰めがたき秘密の一部である。

（Ｃ・Ｓ・ルイス『栄光の重み』）

私が愛する人、信頼する人、一緒にいたいと思う人たちはみな、「私と一緒にいてくれる？」という質問に対して、それぞれ異なった声量ではあるが「はい」と答えてくれる。私は、ほかならぬこの質問にこそ、私が抱いているそのほかのさまざまな質問、恐れ、そして願いが含まれていると考えるようになった。

（ジェレミー・クライブ・ハギンズ）

「ぼくたちはいつだって、自分のことを真剣に受け止めてくれる人を探し求めてる。人間とはそういうものさ。」かつてある友人がそうつぶやきました。ストレートであれゲイであれ、人はみな愛と、互いへの献身に満ちた関係を追い求めるようにできているようです。もう少し具体的に言えば、互いに求め合う関係を味わいたいと願っている、ということです。私たちは、誰かのことを心の底から求め、それと同じほどの熱烈さをもって求められ、そうして互いを求める思いがますます強まっていくような関係を手に入れようとさまよっているのです。多くの人にとって、そのような関係を手に入れるということは、まばゆいばかりの不思議さと息を呑むような美しさに満ちた世界に飛び込むことを意味するでしょう。「私は求められている！　それに応えて私もあなたを求めたい！」という、人生が変わるようなその感覚を味わえば、すべてのものが新しく、そして光り輝いて見えるようになるものです。

カンタベリー大主教のローワン・ウィリアムズはこれを次のように表現しています。「自分の喜びを願い求めるということは、自分が求めている人の喜びを願い求めるということである。他者の存在を通して自分の楽しみを見つけ出そうとすることは、実際に楽しいはずのものである。恋愛関係において、私たちはお互いのうちにある『満たされた願望』をみて、それを『すてきだ』と感じ合う。私たちは、相手を喜ばせることを通して自分の喜びを味わうからである。[1]」このように愛の関係にある二人は、相手が愛すべき存在であるということを、また自分が愛されるべき存在であるということを、知ることができるのです。

音楽や詩、物語や映画も同じことを語っています。私は、かつて住んでいたアパートのリビングで、ルームメイトと語った日のことを思い出しました。彼はちょうど、交際したいと願っていた女性にフラれたところでした。その女性に断られたのはかなりショックだったらしく、彼は自分で集めていた大量のＣＤのコレクションを指差してこう語りました。「ここにある歌のほとんどは、だいたい二つのテーマのうちどっちかを歌っているものなんだ。一つは、愛を求め、愛を見つけ出し、そして孤独に別れを告げる。それが世界で一番すばらしいことだという内容。そしてもう一つは、愛を失いそうになっていたり、相手に向けた愛が返ってこないというのは、世界で一番ひどいことだという内容なんだよ。」

ウェンデル・ベリーが書いた『ハンナ・コールター』という小説の中で、主人公ハンナは、のちに結婚することになるネイサンと恋に落ちたときのことをこのように語っています。「自分が誰かを愛していると気づき、しかも相手が自分のことを求めてくれて、その想いがあたたかい雨のように降り注ぎ、自分のすべてに触れるのを感じるという経験は、ある種の光を手にするようなものなのです。」老年を迎えた彼女が、昔を思い出しながら語る場面です。[2]「彼に求められ、自分が求められるに値する存在であるということを知り、そして私も彼を求めているということに私が気づいたのは、本当に突然のことでした。[3]」

ハンナは述懐します。

「女性は、鏡を見て自分が美しいと気づくのではありません。……男性たちによって気づかされるものなのです。男たちからの熱い視線は、あたかも光の中を歩いているような心地を味わわせてくれます。その視線が暗黙のうちに語るのです。男性の視線は女性の歩き方にも変化をもたらします。……自分の美しさについて最後に考えたのはずいぶん昔のことでしたが、ネイサンの視線が、自分は美しいのだということを思い出させてくれました。[4]」

映画にも、互いに求め合う関係を手に入れたいと願うこのきわめて人間らしい願望を描いているものが数多くあります。私は、ザック・ブラフの映画「終わりで始まりの4日間（*Garden State*）」を初めて観た日のことを今でもよく覚えています。真実の愛を求める心の深みに迫った名作です。ハリウッドに住み、B級のテレビ番組に出演している若い役者のアンドリュー・ラージマンは、母が亡くなったという知らせを受け、故郷ニュージャージーに帰ることになります。そこでアンドリュー（作中では「ラージ」と呼ばれている）は、風変わりで、とてつもなく鈍感で、驚くほど元気な少女サムと出会い、次第に恋に落ちていきます。長い週末をともに過ごす中で、二人はそれぞれが心に秘めた恐れや願いを分かち合います。「自分の育ってきた家（原文 =house）が、気づいたらもはや自分の家族（原文 =home）じゃなくなっていたみたいな経験、あるだろ？」夕方、二人で一緒に泳ぎながらラージはサムに問いかけます。「突然、家族ってのが何なのか分からなくなるんだ。もしかしたら、家族ってのはそういうものなのかもしれないな。存在しない、想像上の場所を求めているだけの、人の集まりなのかも。」

　デニス・ハークによると、「終わりで始まりの4日間」はまだ年の若い大人たちが抱く「いつか本当に、自分と一緒に生きてくれる人が現れるのだろうか。家庭と呼べるような場所を手に入れることはできるのだろうか」という問いに向き合った映画だといいます。ハークはこう記しています。「ラージとサムとのあいだに愛が芽生えるにつれて、二人は希望が湧き上がるのを感じるようになる。そしてラージはサムに語りかける。『君といると、安心する。まるで家にいるような気持ちになるんだ』と。[5]」

　映画の終盤、二人は空港のイスに腰掛けています。もうしばらくすると、ラージは飛行機に乗ってカリフォルニアへと帰ってしまうのです。「もう戻って来ないの？」サムは、二人の関係が終わってしまうという不安をいだきながら尋ねます。「こんな愛、なかなか見つかるもんじゃないよ。」二人はそれぞれ、相手への、そして相手からの愛に気づいていたのです。ラージはどうしてサムのもとを離れようとしているのでしょうか。最後の場面、ラージは機内の座席にじっと座り、離陸のときを待っていました。どうしてだろう。ラージは自分に問いかけます。そして彼は座席を立ち、離陸直前の飛行機から駆け降りて、泣いているサムのもとに駆けつけるのです。そして彼女は再び現れたラージに驚いている様子です。「きみのもとを離れることはできない。」ラージはそう告げます。楽しいときも苦しいときも、人生を一緒に過ごしてくれる人とともにいること以上に大事なものなどあるでしょうか。ラージは語ります。「そうだ。それが人生ってもんだ。サマンサ、きみのことを愛してる。これまで生きてきた人生の中で、僕が胸を張って言えるのはそれだけだ。」サムもこう返します。「傷つくことだってあるけど、それが人生ってもの。そうでしょ？　それが本当の人生。傷ついたって、それが私たちのすべてだもの。」「終わりで始まりの4日間」が教えてくれるのは、相手を求め、相手から求められるというこの愛こそが人生そのものである、ということです。愛こそ、私たちのすべてなのです。

ローワン・ウィリアムズが『体の恵み（*The Body's Grace*）』という感動的なエッセイで述べているように、ゲイ・クリスチャンとのかかわりにおいて教会が考えるべきは「ゲイまたレズビアンの信仰者は、どうすればこの愛を知ることができるのだろうか。相手を求め、相手から求められるという、世界の見え方が変わるほどのこの喜びを、どうすれば味わうことができるのだろうか」という問いです。ストレートであれ、ゲイであれ、ほとんどすべての人間が抱いている願望

（誰かから求められたい、自分は求められる価値のある人間なのだと気づきたい、そして今度は自分も誰かを求めたいと願うその願望）を、ゲイ・クリスチャンが満たすためのふさわしい方法はあるのでしょうか。

第1章で理由を述べたとおり、福音に忠実に生きていきたいと願っているゲイ・クリスチャンにとって、性的な関係を伴う同性間でのパートナーシップという選択肢は認められない、と私は考えています。だとすれば、ゲイまたレズビアンのクリスチャンにはほとんど選択肢が残されていないように思われます。

ゲイのクリスチャンが、ゲイの状態のまま異性と結婚することを選択するという可能性もあるでしょう。私にはゲイ・クリスチャンの友人がいますが、その友人はすばらしい女性と結婚して三十年以上を過ごしています。その女性は、その先どのような人生が待ち受けているかを承知の上で彼と結婚しました。友人は、依然として同性にしか魅力を感じないそうですが、それでも妻に誠実であり続けています。セックスをすることなく、二人は結婚関係をうまく続けているようです。このような結婚のあり方も可能であり、実際に多くのゲイまたレズビアンのクリスチャンがその選択をしています。

しかしその道を選びとった者たちは、互いを求め合うという関係に関して、異性愛者同士で結婚したクリスチャンであれば経験しないであろう葛藤を抱えることが多いのです。同性の人物に対して性的魅力を感じるため、異性と結婚すると相手を求める熱が冷めてしまうことがあります。牧師をしている友人が、異性と結婚したゲイ男性の話を聞かせてくれたことがあります。新婚旅行の最初の夜、ホテルの一室で、彼はただ椅子に座り、新妻がベッドの中でむせび泣く声を聞くだけでした。妻のからだに対して、彼は自分が望んでいた欲求を感じることができなかったのです。妻は自分が求められている喜びを味わうことができず、ただ夫の悲しい実状を知って嘆くことしかできませんでした。

ちょうど最近、私は友人のリサと話をしました。彼女はクリスチャンになったとき、レズビアンとしてのそれまでの生き方をやめると決めたといいます。そのすぐあとで、彼女はステファンという名のクリスチャンと出会うことになります。彼もまた、クリスチャンとして回心したときに、奔放に生きてきたゲイとしての人生に別れを告げた人物でした。しかしちょうどその頃、彼はＡＩＤＳと診断されてしまいます。そんなステファンをリサは好きになり、ステファンの方から結婚のプロポーズをしました。しかし彼女の牧師は「きみに死刑宣告を下すようなものだから」と、二人の結婚を認めませんでした。結局、別の牧師が司式をしてくれることになり、二人は結婚することができたのです。

二人で話しているとき、私はリサに尋ねてみました。「自分も愛し合う関係を強く求めているところがあるから、君たち二人の話を聞きたいと思っていたんだ。」ステファンとの日常について聞いたあとで、私はこう尋ねました。「セックスのことも聞いていいかな？　結婚生活で、二人はどうやってそれぞれの欲求を満たしていたの？」

リサは正直に「ぎこちなかったし、簡単じゃなかった」と話してくれました。「あんまりセックスはしなかったかな」と。

リサと結婚して三年後、ステファンはＡＩＤＳが原因で亡くなってしまいました。「私たちはなんでも包み隠さず話してたんだけど、亡くなる直前に、ステファンが言ってくれたの。『リサ、自分もようやく女性の胸に惹かれるようになってきたよ』って。」

夫婦の片方、もしくは両方がゲイで、同性愛的な性欲、または誘惑と戦っている場合、本来であれば結婚生活ならではの祝福となるはずの互いを求め合うという関係が妨げられてしまうことがあります。例えばリサとステファンの場合、ステファンには、同性愛傾向という彼が持っている性的指向に由来する感情的また身体的な欲求がありました。そして歯がゆいことにその欲求は、彼がリサのことを愛そうとする中では満たされないままでした。リサにとっても、ステファンのその欲求を理解することはできなかったし、また彼女自身の力では満たすことのできないものでした。その結果、ステファンはある種の孤独を感じることになりました。もちろんリサも孤独を感じたでしょうが、二人の孤独は異なる種類のものでした。

福音に忠実に歩もうとするゲイ・クリスチャンにとって可能なもう一つの選択肢は、独身でいるというものです。[6] 破れた性から来る方向性を見失った欲求を日々味わいながら生きている私たちの中には、神の御霊の力によって、情欲から逃れつつ、心と体の聖さのために戦いつつ、独身で生きていくことを選ぶ人もいます。

しかしこの選択肢を選んだ人は、ハンナ・コールターが語っていたような（お互いを求め合う関係）を味わうことのできない苦しみを、おそらく一つ目の選択肢を選んだ人よりも、より激しく経験することになるのではないかと思われます。独身で生き続けることの耐え難さを味わい、結局その選択肢をあきらめて、なんらかのかたちでの同性同士のパートナーシップを選び取ったゲイ・クリスチャンの証しを読んだことがあります。互いを求め合う関係を得られないという鋭い苦しみが、彼の文章にはうまく表れています。

私は人生を一人で過ごしたくないのです。私の苦しみの多くは、愛する人、私を愛してくれる人がいないこの状態が一生続くのではないかという恐れから来ています。もちろん神様は、親しく、支えてくれる友人を与えてくださいました。ですがその友情もいつかは終わる日が来ます。結婚したり、引っ越したり、遠く離れた地元に帰ったり……そして私はまた一人になるのです。[7]

ある友人が参加した聖書研究会で、牧師が似たような思いを吐露したといいます。

私もかつては一人の女性の夫でした。ですが十年後、自分がゲイだと気づき、しかもそれはもう変えられないと気づいたとき、結婚生活は破綻していきました。当時も今も私は牧師ですが、今は特にゲイとレズビアンの人たちが集う教会を牧会しています。そこで仕えるようにと神に召されているようながしているからです。

ここにいる皆さんと同じように、私も人生を分かち合えるような人を見つけたいと願っています。ですがそれは簡単ではありません。孤独を感じます。皆さんにも共感してもらえるでしょう。できるだけ遅くまで仕事をして、家に帰ると夜十一時か十二時くらいまでテレビを見ます。皆さんならきっと分かってもらえますよね？　テレビの前で夜ふかしをするのは、誰もいないベッドに行くのが嫌だからです。ベッドに入ったらすぐ寝てしまうくらいに疲れがたまるまで、起きて過ごします。そうすれば、誰もいないベッドでさみしく時間を過ごさずに済むからです。

神様に祈ることもあります。「主よ、私はこれまでずっとあなたに仕えてきました。あなたの召しに従って牧師をしてきました。正しく生きていくために結婚もしました。姉とセックスをしているかのような不自然さを感じながらも、十年も妻と一緒に過ごしました。離婚してからも、宣教の現場であなたに仕えています。それなのに毎晩、誰もいないアパートに帰って来ないといけません。主よ、なぜですか。私の生き方は正しくなかったのでしょうか。あなたに喜んでいただこうと生きてきたのに。あなたのために生きたいとすべてを献げてきた結果、私に与えられたのはこの空っぽのベッドだけです。なぜ私は、こんなにも孤独なのですか。[8]」

この章を執筆している現在、私はまだ独身で、セックスをしたこともありません。私が求め、また私のことを求めてくれるような女性との親密な関係を味わったこともないし、そんな未来が待っているかどうかも分かりません。生涯をともにし、自分のことを慕い求めてくれるパートナーもない状況で、どれくらいの人が私のように孤独を味わい、途方に暮れていることでしょうか。

特に孤独を感じていたある日、私は次のようなメールを友人に書いたことがあります。

神の愛はいかなる人間の愛にもまさる。そのとおり、分かってるよ。でも私が、心の奥深いところで、人間の愛を求めているという事実は変わらない。結婚がしたいんだ。私が第一に求めているのはセックスじゃない（今の状況だと、女性とのセックスは不可能に思えるから)。むしろ、日々の小さな親密さを味わいたいんだ。朝、目が覚めたら、人生を献げると誓った相手が横にいるとか、一緒に歯磨きをするとか、別に話しをするわけでもなく同じ部屋でそれぞれ本を読むとか、小さな喜びや痛みを一緒に味わえるだけでいいんだ。分かるだろう。もう結婚している友人が話してくれたことがある。夜目が覚めても、旦那さんの足をすぐ近くに感じるだけで嬉しくなるって。私の人生には、そんな小さな親密ささえ欠けている。そう思うとてつもなく悲しくなるんだ。そしてこのかけがえのない「小さな親密さ」は、二人の人間が契約によって結び合わされるという「より大きな親密さ」から生まれている。それなしにこれからも生きていかなければならないなんて、考えられないんだ。たしかに私には、自分のいのちを献げてもかまわないと思えるくらいに大事な友だちが何人かいる。一番親しいのは同年代の男友達で、今は彼も独身だけど、きっと事情は変わっていく。引っ越すこともあるだろうし、結婚することだってありうる。私たちの友情もずっと同じではありえない。離れても友人のままでい続けられるかもしれないけれど、でもそれは夫婦の関係とは全然ちがう。創世記２章にあるように、人間は結婚生活を通してしか得られない関係を求めるように造られているんじゃないかと思うんだ。

ゲイ・クリスチャンにとって、独身のまま生きていく人生を選び取るということは、程度の差こそあれ、どれほどあがいても手に入れることのできない関係性を求め続けなくてはならない人生を選ぶということになるようです。

† § †

ローワン・ウィリアムズによると、神のほうから私たちのことを慕い求めてくださっているといいます。

クリスチャンにとっての恵みとは、変革をもたらすものである。そしてその変革は、おもに自分が重要な存在であり、また求められているという事実を知ることによって可能になるものなのだ。

創造、受肉、そして私たちがキリストのからだの一部とされることを語る物語はすべて、神が私たちを慕い求めてくださっているということを教えてくれる。……私たちが造られたのは、自らを与える三位一体の愛のうちに入れられ、神がご自身を愛しておられるように私たちを愛してくださっていることを知ることによって、神の完全なる愛に向かって成長していくためなのだ。

クリスチャンの共同体は、人々が「自分は求められているのだ。誰かに喜んでもらえる存在なのだ」と知ることができるような関係を建て上げていく務めを負っている。[9]

ウィリアムズによれば、それこそまさに、慕い求める神の愛情という私たちの理解を超えた現実を表すために、聖書において性愛のイメージが繰り返し用いられていることの理由だといいます。性的な欲求——愛し合い、求め合う二人の間に燃える炎——というものは、神がどのようにして私たちとの関係を求めてくださっているかを教えてくれる類比（原文＝analogy）なのです。

神が本当に私たちのことを求めてくださっているということ、そして私たちがその求めに応答するのを期待されているということ。これを理解し、また信じることができるならば、それが究極の意味で、私や他のホモセクシャルなクリスチャンが日々感じている孤独への「治療薬」になるのではないかと思うことがよくあります。聖書をめくれば、ウィリアムズが述べたようなあり方で神がご自身の民を愛している記述を多く見つけることができます。そして私は自問するのです。私が探し求めているものは、もう見つかったということなのだろうか？　と。

例えば、エフライム族に対するさばきの預言の途中で、神は突然、次のようなことばを差し込みます。「エフライムは、わたしの大切な子、喜びの子なのか。わたしは彼を責めるたびに、ますます彼のことを思い起こすようになる。それゆえ、わたしのはらわたは彼のためにわななき、わたしは彼をあわれまずにはいられない。――主のことば――」（エレミヤ書31・20）。また他の箇所でも、神はこう叫んでおられます。「エフライムよ。わたしはどうしてあなたを引き渡すことができるだろうか。イスラエルよ。どうしてあなたを見捨てることができるだろうか。……わたしの心はわたしのうちで沸き返り、わたしはあわれみで胸が熱くなっている。わたしは怒りを燃やして再びエフライムを滅ぼすことはしない」（ホセア書11・8～9）。

旧約聖書の預言者たちを用いて、神はイスラエルに対するご自身の愛を欲求（原文＝desire）のイメージを用いて表現しています。エゼキエル書には、神がイスラエルに語りかける様子が次のように記されています。「わたしがそばを通りかかってあなたを見ると、ちょうど、あなたは恋をする年ごろになっていた。わたしは衣の裾をあなたの上に広げ、あなたの裸をおおった。わたしはあなたに誓って、あなたと契りを結んだ――神である主のことば――。そして、あなたはわたしのものとなった」（16・8）。またゼパニヤは、神の契約の民たちを次のように励ましています。「主はあなたのことを大いに喜び、その愛によってあなたに安らぎを与え、高らかに歌ってあなたのことを喜ばれる」（ゼパニヤ書3・17）。

新約聖書においても、神はご自身の民（道をそれてしまったイスラエルに加え、今でははっきりと異邦人も含まれている）を求めるお方として描かれています。イエスは神を、家を出て行ってしまった息子の居場所の手がかりを探し地平線を見つめる父親に例えました。「まだ家までは遠かったのに、父親は彼を見つけて、かわいそうに思い、駆け寄って彼の首を抱き、口づけした」（ルカ15・20）。このような計り知れない恵みに思いを巡らしつつ、パウロは次のように述べています。

私たちの主イエス・キリストの父である神がほめたたえられますように。神はキリストにあって、天上にあるすべての霊的祝福をもって私たちを祝福してくださいました。すなわち神は、世界の基が据えられる前から、この方にあって私たちを選び……私たちをイエス・キリストによってご自分の子にしようと、愛をもってあらかじめ定めておられました。……これは神の豊かな恵みによることです。この恵みを、神はあらゆる知恵と思慮をもって私たちの上にあふれさせ……（エペソ1・3～4、5、7～8）。

最初期のクリスチャンたちはきわめて感情的な体験として神の愛というものを語りました。パウロはこう記しています。「この希望は失望に終わることがありません。なぜなら、私たちに与えられた聖霊によって、神の愛が私たちの心に注がれているからです」（ローマ5・5）。「あなたがたは……子とする御霊を受けたのです。この御霊によって、私たちは『アバ、父』と叫びます。御霊ご自身が、私たちの霊とともに、私たちが神の子どもであることを証ししてくださいます」（8・15〜16）。また別の使徒は、同じ信仰の仲間たちに次のように記しています。「あなたがたはイエス・キリストを見たことはないけれども愛しており、今見てはいないけれども信じており、ことばに尽くせない、栄えに満ちた喜びに躍っています」（Ⅰペテロ1・8）。

ある意味では、この神の愛（人間を慕い求め、人間を祝福するという神の行為に現れており、また私たちが心の中で体験することができる神の愛）こそ、ゲイ・クリスチャンが抱く願望と孤独に対する答えとなるべきです。それこそが、孤独に対する「治療薬」になるはずです。独身の孤独を選んだ私たちを、神は求めてくださっています。私たちのことを欲してくださっているのです。本当はそれだけで十分なのでしょう。神の愛は、ほかのどんな人間関係よりも価値あるものなのですから。

しかし、それでもまだ私たちには痛みがあります。神が私たちを求めてくださっているという事実が痛みを癒やしてくれる中でも、それでも私たちはあえぎ、「なぜ」と問わずにはいられないのです。

§

大学時代、インディ・ジョーンズのような革ジャンを着た、すばらしいほどに風変わりな歴史学の教授と昼食をともにしたことがあります。彼は教授になる以前は牧会カウンセラーをしていたようで、ゲイやレズビアンの人たちとそれなりに話をすることもあったようです。大学の食堂で、私はちょうど読んだところであったカウンセリングの事例について彼に話しました。それは、人生の大半をかけてレズビアンとしての欲求とたたかっていた女性が、ついに助けを求めるに至ったという話でした。彼女の相談を受けたカウンセラーがその女性を助けようとした経験について書いていた記事だったのですが、その中に私は、人間を慕い求める神の愛情がはっきりと表現されているのを見つけたのです。カウンセラーはその女性に対して、愛情への飢え渇きを満たすために他の女性に目を向けるのではなく、他の誰よりも優れた愛を持っておられるイエスに目を向けなさいと伝えたといいます。心に空いた穴はキリストに満たしてもらいなさい、と。愛を求めるという基本的な欲求を変えようとするのではなく（それは不可能であるから）、ただ慕い求める対象を変えてみてください、とカウンセラーは述べています。あなたの愛情を女性からキリストに移してみてください、と。

「このアドバイス、どう思われますか？」私は教授に尋ねてみたのですが、その答えに私は驚くことになります。

「ちょっと霊的すぎるんじゃないかな。」ツナサンドを食べながら、教授は率直に言いました。

「このカウンセラーは、その女性に『レズビアンの愛』を『イエスの愛』に置き換えるように伝えたみたいだけど、でもそれだと、この二つの愛の違いを軽んじていることにならないかな？」

私が興味深げに頷くと、教授は話を続けました。「彼女が他の女性を求めているのは、生きた人間との関係を必要としているからだと思う。相手を知り、手で触れて、目で見て、直接関わりをもてるような関係が欲しかったんだろう。表情を読むことができて、その抱擁の中で安らぐことができるような関係だ。でもカウンセラーは、イエスに目を向けるように言った。イエスはたしかに人間だけど、もはやこの地上を歩いてはおられない。今は御霊を通して他の人間と関わりを持っておられるから。このレズビアンの女性も、イエスに触れることはできない。イエスの目を見つめたり、顔を見たりすることもできない。もしイエスにお会いすることができたとしても、イエスの目をそのように見つめることは適切じゃないだろうしね。」

「じゃあ、彼女はどうすればよかったのでしょうか？」私は自分の疑問をそのまま声に出してみました。「彼女は、自分が求めている愛情をどこに探せばよかったのでしょうか？」

「人間の共同体がいかに必要であるか、私たちがもっとしっかり理解する必要があると思うよ。」教授はそうつぶやきました。「神より霊的になろうとしても無駄なんだよ。神は、人間が他者との関係を欲し必要とするように、また他者との親密な付き合いを切望し、そして他者から必要とされることを求めるように、私たちを造られたのだから。私たちが共同体を求める思いを、ご自身に向け直すようになんてことを、神は望んでおられない。神は霊なるお方だから。その代わりに、神は人々が人間の共同体、特に教会での経験を通して、神の愛を経験することを望んでおられると思う。神は私たちを、肉体と霊からなる存在として、また他の肉体と霊からなる人間との親密な関係を深く切望する存在として、お造りになったんだ。私たちはこの切望を、何か別のものに向けるべきじゃない。そうじゃなくて、この求めを聖めるようにと願われているんじゃないかな。」

「では教授なら、この女性に何と言いますか？」私は続けて尋ねてみました。

「そうだね」と、教授は間を置いてから話し始めました。「もし私が彼女のカウンセラーだったら、次のようなことを語ったんじゃないかなと思う。『レズビアンとしてのあなたの欲求の問題は、人間の愛を求めているところにあるのではありません（もちろん、ここでも偶像崇拝に陥ってしまう可能性を見落としてはならないのですが）。むしろ問題は、人間的な愛に対するあなたの正しい欲求が方向性を見失ってしまっている（原文 =bent）こと、壊れてしまっていることなのです。程度の違いこそあれ、人間の欲求というものはすべてが歪み、壊れてしまっているからです。あなたは、教会という人間の共同体の意味を再び体験し、体現（原文 =re-socialize）する必要があります。女性と性的関係をもちたいというあなたの欲求が変革されることによって、キリストのからだなる教会と聖霊の交わりとの中で経験される、性的関係を伴わない男性また女性との関係が、あなたにいのちを与えるものとなるからです。』」

私はその日、まったく新しい視点を手にして昼食の席を立つことになりました。そしてその後数か月の間、聖書が私を、教授が示してくれた方向に導いているように思えてなりませんでした。かつてペテロがイエスに対して、自分は多くの人間関係を捨ててイエスに従ってきたと訴えたとき、イエスはまったくことばを濁すことなくこう語られました。

「まことに、あなたがたに言います。わたしのために、また福音のために、家、兄弟、姉妹、母、父、子ども、畑（ここにゲイ・パートナーを付け加えることもできるかもしれません）を捨てた者は、今この世で、迫害とともに、家、兄弟、姉妹、母、子ども、畑を百倍受け、来たるべき世で永遠のいのちを受けます」（マルコ10・29〜30）。

イエスがここで意図しておられるのは、ご自身がよみがえられたのちに「教会」と呼ばれるようになる、イエスに従う者たちの共同体のことです。イエスに従うために最も大切なつながりを断ち切らなければならなかった人たち、あるいはそもそものようなつながりを手に入れること自体を諦めなければならなかった人たちも、究極的に言えば、一切の人間関係を断ち切ることになったわけではありません。「唯一自分を満足させてくれると思っていた関係」を手放すことによって、「罪がもたらす無数の影響のゆえに痛みを伴いつつも、他の何にもまさっていのちを与えてくれる関係」を手に入れることになったのです。

あの風変わりな歴史学の教授との昼食ののちの数週間で私が得たもっとも驚くべき発見の一つは、新約聖書では人間の愛がもっともよく表現され経験される場所として、夫婦生活よりもむしろ教会が挙げられているということです。旧約聖書では、結婚は孤独の解決策と考えられていました（創世記２・18、24）。しかし、新約聖書においては「孤独に対する答えは、結婚ではなく、神がキリストのうちに建て上げようとなさっている新しい創造としての共同体、すなわち、互いに対する愛がそのしるしとなる、キリストの御霊に導かれて歩む教会なのである[10]」と考えられているのです。

ゲイのクリスチャンとして神の御前に忠実に生きていこうとする中で、大きな課題が一つあります。それは、私たちが神にお献げした同性愛の関係の代わりに、信仰の仲間との具体的な関わりを通して、神が私たちに対するご自身の愛を体験させてくださるということ、それを本当に信じることができるかだと思います。

「人間の愛は結婚生活においてこそもっとも優れたかたちで表現される、という考えは疑わないといけない」と、かつてある友人が手紙に記してくれたことがあります。

古代の人々は決してそのようには考えていなかった。プラトンの『饗宴』にも聖書にも、そのような考えは見られない。旧約聖書には、男たちの間には結婚における愛よりも大きな愛がありうるということが示されている（Ⅱサムエル記1・26）。そしてその考えは新約聖書にもある。イエスご自身も、人が友のためにいのちを捨てることにまさる愛はないと言われている（ヨハネ15・13）。パウロは、新約聖書の中でもっともすばらしい愛についての記述を、第一コリント7章の結婚についての議論の中ではなく（そこには愛ということばすら出てこない）、霊的な賜物について語った第一コリント13章の文脈に置くことを選んだ。それには特別な意味があると思わないかい？　そしてアガペーの愛が結婚生活の文脈において語られているエペソ書5章でさえ、犠牲の愛こそが夫婦生活の愛のモデルであると語られている。その逆じゃないんだ。結婚はたしかに愛を表現する場ではあるけれど、その愛がもっとも純粋な形で存在するのは、結婚生活の外においてということになるんだ。神が私たちに与えてくださるもっともすばらしい喜び、もっともすばらしい体験は、結婚生活において見出されるものではない。仮にそうだとしたら、天の御国でも結婚できるようにされたはずだろう。でも実際には、天では結婚はないと語られている。だからこそ、神が私たちに与えてくださるもっともすばらしいものは結婚生活において見出されるものではない、ということが分かるんだ。

私が抱いている孤独と愛に対する切望のために、友人が一緒に祈ってくれたことがあります。祈り終えたとき、その友人は、あたかも「君のことを愛している。君を独りにはさせない」と言うかのごとく、手を私の肩に置き強く握ってくれたのです。そのような振る舞いを仲間のクリスチャンから何度となくしてもらうことによって、他のかたちでは決して味わうことができないようなあり方で、私は神の愛を感じることができました。孤独に対する治療薬は（もしそのようなものがあるとすればですが）、神のご臨在は信仰共同体である教会の人々のうちに現れるものであるということを繰り返し味わい、そして学んでゆくことなのです。

† § †

もし教会が、愛に満ち、人を傷つけず、苦しんでいる人たちと一緒に歩もうとする人たちでいっぱいだったらどうでしょう？　もし教会の中に、秘密を守り、同性愛に悩む人々のために時間をかけて、イエスのような姿勢で寄り添う人々がいたとしたら？　もし教会が、本当に神が意図された姿になることができたらどれほどすばらしいでしょうか。

（同性愛に悩む匿名のクリスチャン）

残念ながら、自分のたましいを教会の交わりに委ね、そこで同性愛者としての葛藤や愛への渇望をおおやけにすることは、孤独を改善するどころか、悪化させるように思えてしまうこともあります。

私の性的指向を知らないストレートの友人が、「積極的に」ゲイとしてのライフスタイルをおおやけにしている二十代のクリスチャンとの友情について話してくれたことがあります。「彼が変わることができるようにと願って、彼との時間を大事にしようとしていたんだ。そしたらある日、一対一で朝食を食べようと約束した場所に、僕のためにと花束を持って現れたんだよね」と、その友人は信じられないような、困ったような顔で言いました。

私はその話を聞いて、内心うろたえました。私がゲイであることを知っていて、私を励ましてくれようとしている異性愛者の友人を、私はどれだけ同じように不快にさせてしまったことだろうか？　このような問いを自分に投げかけるたびに、私のことをもっとも励ましたいと思ってくれている人たちを不快にさせているのではないかと怖くなり、親密な関係から遠ざかりたいという思いに襲われるのです。

先の章で述べたように、私が初めてカウンセラーに自分の同性愛傾向について相談したときのことを、今でも鮮明に覚えています。私はその数か月前に大学を卒業したばかりで、ミネアポリスの教会で二年間の牧師訓練プログラムに入るところでした。そのカウンセラーは私に、「仲間の牧師見習いたちと二年間をともに過ごしたあとで、誰とも深く付き合えなかったと感じてしまうようでは困る」と辛辣に告げました。そして、そののちの私を悩ませ続けることになる質問を問いかけてきました。「他の男性のことを深く親密に知るようになると、不適切、危険、不快な思いをするのではないかと恐れて、距離を置いてしまっているのではないか」と。これまで考えたこともありませんでしたが、私は「はい」と答えている自分に気がつきました。同性との愛情に満ちた、しかし性的でない関係を切に求めるこの思いこそが、逆説的に、私をそのような関係から遠ざけていたのです。

ミネアポリスで過ごした二年間、私は孤独にさいなまれ続けることになりました。私は教会での働きに深く関わっていました。教会で学びをリードし、祈り会に参加し、さまざまな教会員の家で長い時間を過ごしました。都市部に住む貧しい人々へのミニストリーに仕えている、愛情深く、そして親しみやすい福音主義クリスチャンのスタッフたちとも一緒に働きました。今日に至るまで私の親友であり続けてくれている何人かの人たちとも知り合うことができました。この二年間で、私はかつてないほど愛されていると感じることができたのです。しかし皮肉なことに、その同じ二年間はこれまでの人生で最も暗い時期でもありました。これまで感じたことのないような不安と孤独を感じることになったからです。チャールズ・ディケンズのことばを借りれば、「最高の時代でもあり、最悪の時代でもあった」のです。

私は、ビルという友人に何度かカウンセリングをしてもらったことがあります。彼は現在の牧師としての働きに就く前、長い年月にわたり、奥さんのトリシアと一緒に中米で宣教師として働いていました。文字どおり銃弾をかわし、悪霊を追い出し、病気や自然災害を乗り越え、福音を伝え、人々がキリストに回心するのを見たというビルの話は、夢中にならずにはいられないまさに宣教師の伝記物語です。その彼が妻とともにアメリカに戻ったとき、彼らの友人や支援してくれていた教会は、そのような大げさな、英雄譚ばかりを聞きたがっているように思えたようです。彼らはビルとトリシアに「面白い話を聞かせてくれ」とばかり頼んだというのです。「私たち夫婦にとっては神の奥義としか思えないような宣教師の働きについてのあれこれを聞きたいという人は、誰もいなかった。」ビルはそう語ります。「宣教師としての働きを愛してはいたけど、でも同時に、神が私たちをこの仕事に召してくださらなければよかったのにと、毎日思っていたよ。私たちが現地で過ごした時間は、人生で最高の時間であり、最悪の時間でもあったんだ。」

孤独を経験することは、おそらくゲイのクリスチャンにとってはなおさら、似たようなものだとビルは言います。孤独は人生を、痛ましいほどに矛盾に満ちたものにするのです。ジェットコースターに乗っているかのような高揚感を味わったかと思えば、その次の日は絶望のどん底に落ちていることもあります。ときにはその両方を同じ日のうちに、もしくは同じ瞬間に、経験することだってあります。

ビルは、教会のスモールグループに参加している現在の経験についても話してくれました。「今までの人生の中で、これほど親密に、これほど心の内奥をさらけ出したことはなかったと思う。にもかかわらず、今までの人生で味わったことがないくらいに孤独を感じているんだ。」彼は正直に語ってくれました。「中米で宣教師の働きを始めた最初の頃も、同じように感じていた。パーティーが屋内で行われているのに、自分は窓の外に立ってガラス越しにのぞいているようなイメージが、ずっと頭の中にあったんだ。中に入ってパーティーに参加したかったのに、外にいる私のことには誰も気づいてくれないというような気持ちを味わっていたよ。」

教会という人間の交わりを通して経験される神の臨在は、究極的な意味で、孤独に終止符を打ってくれるのでしょうか？　はい、最終的にはそうなるのだろうと思います。しかし、神による新しい創造がまだ完成していない領域においては、痛みは残っています。孤独はまだ消え去っていないのです。

世を去る一年前、霊的生活について数え切れないほどの本を書き、ラルシュのデイブレイク・コミュニティで数年間暮らし、そこで彼がそれまで知らなかったほどに深く人間の共同体を体験したあとで、ヘンリ・ナウエンは日記に次のように記しています。「何かに触れた拍子にすぐにまた血を流してしまう心の古傷。とてつもないほどに愛情を求め、とてつもないほどに拒絶を恐れるこの傷が消えることとは、決してないだろう。[11]」

大学卒業後の最初の一年間、私は地下のアパートに住んでいました。ルームメイトが一人いましたが、結局親しくなることはありませんでした。しかし、私がよく知っていて、愛するようになった二人の友人は、少し離れたところにあるアパートで一緒に住んでいました。長く、静かで、孤独な夜、私は自分のアパートで、その二人が毎晩経験していたであろう交わり、兄弟愛、友情、笑い、真剣な話、激しい議論、内輪の冗談、小さな親密さなどを想像していました。なぜ、私は窓の外から中のパーティーを見ることしかできなかったのでしょうか。その年、そしてそれ以来数え切れないほど、私は今でも悩まされているその疑問について思いを巡らせることとなりました。なぜ私はいつも、苦しいほどに、絶望的なほどに、飢え渇いてどうしようもないほどに、外側にいると感じなければならないのだろう。

直接的に、あるいは間接的に、友人に繰り返し尋ねていることがあります。「本当に私のことを愛してくれてる？　本当に私に友情を尽くしてくれてる？　本当に私のことを好きでいてくれてる？　私との友情関係を願い求めてくれてる？」親しい友人には、結婚しても私を愛してくれるかと尋ねたことがあります。「話したり、祈ってもらうために、真夜中に電話しても大丈夫かな？」私は知りたかったのです。

ある人々にとっては（もちろん私もそのうちの一人ですが）、たとえ教会の交わりによく参加していたとしても、この知られたい、愛されたい、そしてもどかしいほどに閉じられているその空間の内側に入りたいという飢え渇きを満たしてくれるような関係は、決して手の届かないところにあるのです。

大学四年生のとき、クリスチャニティ・トゥデイに掲載されたクリスチャン・カウンセラーのラリー・クラブ氏の、数十年にわたる健康な結婚生活についてのインタビューを読んだことがあります。「結婚生活で不満が続いていることはありますか？」インタビュアーはそう尋ねました。「私の中には、とにかく切に求めていることがあります。」クラブ氏はそう答えました。「妻には、普段の妻がしてくれているのとは違うかたちで、私に興味を持ってほしいと思っているのです。[12]」

ちょうどその頃、結婚した友人のティムに、彼らが新婚旅行から帰ってきた数週間後、電話でこのインタビューのことを話してみました。「ラリー・クラブのように感じたことはある？」私は知りたかったのです。「それとも、そう感じるのは私だけなのかな？」

「君だけじゃないよ」とティムは答えました。「仕事から家に帰ると、最高だよ。妻が出迎えてくれて、いつもその日のことを聞いてくれるからね。」

私は電話口でわざとらしくため息をつきました。

「でも……」とティムは続けた。「問題は、妻があと十個くらい質問してくれたらいいのにと思ってしまうことなんだ！　妻がもっと僕のことを知りたいと思ってくれてたらいいのにと、いつも望んでしまうんだよね。もっと僕のことを知ってほしいと、いつも思ってしまうんだ。」孤独に別れを告げるのは、どうやら単純ではないようです。

孤独に悩まされる私たちゲイのクリスチャンにとって、教会に仕え、仲間のクリスチャンのうちに復活のイエスの姿を探し、その共同体との親密さを追い求め、同性の友人を遠ざけることをやめたとしても、それで孤独が取り除かれたり、軽減されるとは限りません。ただ戦いの場が変わるだけなのです。イースターの夜に、車の中で、あるいはアパートの寝室で、独りで孤独と戦っていたところから、今度は仲間のクリスチャンと電話をしながら孤独と戦うことになります。夜遅くまでテレビの画面を見つめていたところから、今度は教会のポットラックパーティーに参加し、結婚している友人の子どもたちの託児奉仕をしながら孤独と戦うことになります。とはいえ、インディゴ・ガールズの歌の歌詞にあるように「新しく手にしたもののおかげで、私たちはましになった」というのは確かでしょう。教会の交わりの中で自分をさらけだし、そのために新しい痛みを手にすることになったとしても、その痛みは、孤独の痛みよりはましなのです。

†　§　†

ゲイ・クリスチャンとして孤独に向き合うためには、破れ（原文＝brokenness）についての深い神学が必要なのではないかと思います。ローマ書8章23節（「御霊の初穂をいただいている私たち自身も、子にしていただくこと、すなわち、私たちのからだが贖われることを待ち望みながら、心の中でうめいています」）のみことばを引用しつつ、リチャード・ヘイズは、その神学がどのようなものとなりうるかを描き出しています。いつも孤独と戦っているゲイ・クリスチャンは「『からだが贖われること』を待ち望みながら『うめく』（ローマ8・23）という、困難で、犠牲の大きな従順（直訳＝高価な従順〈costly obedience〉。ボンヘッファーから取られた表現）に召されています。この犠牲の伴う弟子としての歩みこそが、本当のクリスチャンの姿であると認めることができない人は、福音が私たちに求める生き方と本気で格闘したことがないのかもしれません。なぜなら福音は、あらゆるかたちで私たちの『自然な』衝動と対立し、私たちを立ち止まらせ、悩ませてくれるものなのだから。[13]」私は、この新約聖書の証言を深く受け止めなくてはならないということに気づかされました。うめき、悲しみ、そして自分は破れているという感覚こそ、十字架を負ってイエスに従うという弟子としての歩みを表現するのにふさわしいあり方なのだと。私たちがうめくのは、何か間違ったことをしているからではありません。むしろうめきとは、忠実さの証しなのです。

詩人ハーフィズは次のように勧めています。

そんなにやすやすと
孤独を手放してはならない。
孤独をしてあなたの身を
さらに深く切り込ませなさい。

孤独によって自らを熟成させ
味をつけてもらいなさい。
人間は　あるいは神々でさえ
それほどの材料は持っていないのだから。[14]

あるいは、パウロがコリントの人々に語ったように、心を失ってはならないということです。「私たちの一時の軽い苦難は、それとは比べものにならないほど重い永遠の栄光を、私たちにもたらすのです」（Ⅱコリント4・16〜17）。私たちの希望は、神の栄光の未来に根ざしたものです。その光に照らしてみれば、私たちが今抱えている苦難（行き場を見失った性〈原文＝disordered sexuality〉とそれに伴う孤独）は、軽く、一瞬のものに見えるのです。またパウロは別の箇所で次のようにも語っています。「今の時の苦難（破れ、歪んでしまった私たちの状態に由来する、愛情を求める思い、拒絶されることへの恐怖もここに含まれています）は、やがて私たちに啓示される栄光に比べれば、取るに足りないと私は考えます」（ローマ８・18）。

この栄光の到来に思いを巡らせることで、破れの神学を復活の神学へと変貌させることができます。Ｃ・Ｓ・ルイスは、パウロが栄光ということばを用いて、私たちがついに「神に受け入れられ、答えられ、認められ、そしてあらゆる物事の核心へと迎え入れられる」という神の未来を指し示そうとしていたということを、はっきりと理解していました。では、巨大なガラス戸の外側にいると感じている私の気持ちはどうなるのでしょう。ルイスは、神の未来においては「私たちがずっと叩いていた扉がついに開かれる」[15]と語ります。さらにこう付け加えています。

どうやら、私たちが生涯にわたって抱くことになる故郷への憧れ、すなわち、今は切り離されていると感じているあの存在と再会したい、そしていつも外から見ている扉の内側に入りたいという切望は、単なる神経症からくる妄想ではなく、私たちの現実を最も的確に表しているようだ。そして、最終的に内側へと招き入れられることは、私たちのあらゆる功績にまさる栄光と名誉であると同時に、あの古傷を癒やすことにもなるのだ。[16]

しかし私たちは、キリストのうちにある神との交わりの輪の中に招き入れられるだけではありません。神がそのご臨在のうちに完全なものとしてくださった新しい人間性を受け入れ、そしてそのうちに包まれることになります。そして終わりの日が来れば、「神の御前で生きる人類はみな、結婚生活において可能となっていた忠誠の愛が、その結婚という境界線を超えて実現する共同体を知ることになる」[17]のです。

しかしその日が来るまでは、私たちは信じて期待しつつも、うめき続けなければなりません。この切なる求めに別れを告げ、そして孤独に別れを告げられる日を待ち望みながら。

# 《後奏》汝は稲妻、そして愛

数年にわたって私は、ゲイ・クリスチャンとしての自らの経験に関して説明を与えてくれる本、生きる道筋を教えてくれる本を探す旅路にありました。自分が一人ではないことを知りたかったのです。地元のキリスト教書店の社会問題の棚には、教会が公の場で伝統的な結婚観を擁護し、ゲイの権利を訴えるリベラルな活動家たちの主張に確固たる反論をするための方法を記したペーパーバックが数多く並んでいました。しかし、これらは私の状況とは結びつかないものに思われました。牧会カウンセリングのコーナーには、同性に惹かれる傾向を「治療」するための様々なアプローチを述べている本が同じように多く置かれていました。しかし、ほとんどは「異性愛者としての生き方」に関する内容であり、これらも私には縁遠く無関係に思えました。向かいの一般書店、バーンズ・アンド・ノーブルで売られていた本も、自分にはあまり助けになりませんでした。自己啓発の棚に並ぶ手記や大衆心理学の本は、性的指向を変えるのではなく、むしろ抑圧的な道徳観を捨て、自分の真のアイデンティティを生きる方法を示すことで同性愛のクリスチャンを救うことができる、と約束します。どちらの書店でも、私が歩んできた葛藤と苦痛に満ちた旅路について理解のある著者に出会うことはできなかったのです。ところがそんな中、ジェラード・マンリ・ホプキンスに出会いました。

ホプキンス（一八四四〜一八八九）はイギリス人のカトリック教徒でした。オックスフォード大学で学んだ後、彼はイエズス会の司祭となり、アイルランドに移住します。そして、T・S・エリオットやW・H・オーデンなどの偉大な詩人に影響を与え、現代詩の様相を一変させることになる、イギリス文学史上最高の詩人の一人となりました。

あまり知られていないものの、ホプキンスについて多くの伝記作家が認めているある事柄があります。それは、彼が数十年にわたり、今日でいうところの同性に惹かれる傾向、あるいは同性愛傾向と呼ばれるもののゆえに、葛藤していたということです。フレデリック・ビークナーは『強いられたことではなく、思いのまま述べよ（*Speak What We Feel, Not What We Ought to Say*）』という非常に感動的な本の中で次のように記しています。

彼は生涯、男性の美しさを目にするときに掻き立てられる感情に悩まされていました。誘惑はいたるところにあり、ホプキンスは頻繁に日記にそれを記しています。ほんの一秒長く残りすぎてしまった他の男性からの視線、モードリン・カレッジの聖歌隊で目にした美しい青年、クライストチャーチの草地を歩く学生たちや「メイトランドを真剣な眼差しで見つめた」経験、見晴らしの良い店の隠れた扉から見える魅力的な街の少年、などです。[1]

ホプキンスはオックスフォード大学在学中にロバート・ブリッジズという学生と親しくなり、その短い生涯を通して多くの文通を交わしました（ブリッジズは最終的に、ホプキンスの複数の詩をその死後に出版しています）。ブリッジズにはディグビー・マクワース・ドルベンという遠い親戚の従兄弟がいましたが、オックスフォード大学への入学を考えていたドルベンは一八六五年に見学のためにやって来ました。ブリッジズは、ドルベンがいずれ入寮することを希望していたバリオール・カレッジを案内してくれることを期待して、当時二十歳のホプキンスに彼を紹介します。二人はわずか数日オックスフォードを一緒に観光したきりで、その後会うことはなかったものの、ビークナーは「何らかの意味において、ホプキンスはディグビー・ドルベンに心を奪われてしまったようだ」と述べています。[2]

ホプキンスは三年間、ドルベンに対する激しい欲求、またその欲求を恥じる罪悪感と格闘しました。その日記には、後ろめたさを覚えながらもドルベンとの関係の妄想に浸ってしまったこと、司祭が自分の告白を聞き、与えてくれた忠告にもかかわらず、抑えられない想像を引きずってしまった夜のことが記されています。日記の記述からは詳細は明らかでないものの、ホプキンスはある時点で、少なくとも部分的に、ドルベンに自分の気持ちを伝えようとしたこともあったようです。いずれにせよ、ホプキンスの人生にはドルベンと仲違いをしたと見られる時期があり、彼はあれほど好意を寄せていた青年と音信不通になってしまいます。ロバート・ブリッジズに宛てた手紙の中で、「私は（ドルベンに）延々と手紙を書き続けてきたが、一向に返事が来ない[3]」とホプキンスはこの一件を要約しています。

やがてホプキンスのもとに、十九歳のディグビー・ドルベンが溺れる子どもを助けようとして川で死亡した、という知らせが届きます。ホプキンスは再び一人で（つまり神と二人で）、自分の願いと欲求が激しく交錯する心を何とかしなければならない状況に直面させられました。「彼にドルベンに気持ちを伝える勇気がなかったのか、あるいは何らかの仕方で伝えたのだとして、その過程で二人の友情が壊れてしまったのか、そのどちらかだったようです」とビークナーは記しています。ドルベンの死後、ホプキンスにとって神は、無数の手紙を通して接触を試みても実らなかったドルベンへの気持ちと同じく、手の届かない存在に感じられるようになりました。ホプキンスは、報われない自らの愛情と格闘する中で、闇に覆われるような感覚を覚えるようになり、恐怖、憂鬱、孤独といった絶望の空気がその詩の多くを貫くようになっていきます。

ホプキンスが、「血によって書かれた」と説明したとあるソネットの中で、神への祈りを「ああ！　離れて住む親愛なる彼に送った死んだ手紙のようだ」と描写しています。[5] ホプキンスが子どものような純粋な信仰を持っていたときがあったとすれば、それはもはやかつての話でした。

ホプキンスは人間の生について考察した結果、そこに痛みを見たのです。ある詩[6]の中で表現しているように、世界は「壊れて」おり、人間は死という苦悩のために生まれてきたのだ、[7]と。

ホプキンスは、この世の破壊と死が自分にまで及んでいることも痛感していました。「私が目覚めて感じるのは闇の訪れであり、日の初めではない」と、数多くの眠れぬ夜の一コマを綴っています。そして、自分自身の「心」に対して次のように語りかけます。

この夜、どんな時間を、どんな暗い時間を過ごしただろう
この夜、どんな景色を見、どんな道を歩いただろう
……しかし、私が言うところの
時間とは、年数であり、人生である……
私は胆嚢、私は胸焼け。[8]

別のところでも、ホプキンスは自分の感じる孤立と絶望を同じく陰鬱に描いています。「最悪なんてものはない」と彼は述べました。つまり、自分の行き着くことのできるそれ以上暗い場所、それ以上痛みと苦悩に満ちた心の状態は存在しないというのです。「悲しみの極みをはるかにしのぐ」と、ホプキンスは彼らしい複雑な表現で自分自身について語ります。[9]本の虫であり病

的なほど内省的だったホプキンスは、自分の心は今にも崩れ落ちそうな岩だらけの危険な谷間であり、いつ自分は黒い絶望の淵に突き落とされるか分からない、と恐れていました。経験したことのない人が聞けば大袈裟だと嘲笑うことでしょう。しかしホプキンスにとっては違いました。彼は笑い飛ばすことも、肩をすくめることもできませんでした。まるで岩の間の小さな割れ目に指先を引っ掛ける登山家のように、正気を失わないために彼は必死でした。次の数行の構文は難解ですが、この窓を通して垣間見ることのできるホプキンスの魂は恐ろしいものです。

ああ、心よ、心には山々がある
断崖絶壁のぎょっとするような険しさで、誰もその深さを考えもしない
そこにしがみついたことのない者は、たいしたことないと思うだろう
しかし我々の小さな忍耐では その険しさ深さには太刀打ちはできない[10]

ここに表されているホプキンスの絶望の核心に近い部分こそ、私が本書で述べようと試みてきたような、ゲイ・クリスチャンゆえに直面する葛藤でした。強烈な衝動を抑え同性愛の行為を避けなければならない、という福音の「恐ろしい命令」に忠実であろうとする葛藤、居場所を見つけたい、孤独を癒やしたいと願う葛藤、常に神の喜ばれない存在であり続けているのではない

か、と自分を責める思いから来る恥との葛藤に、彼は悩まされていたのです。

イエズス会の司祭であったホプキンスは、のちのヘンリ・ナウエンと同様、自らの同性愛傾向の欲求のままに歩むことはできないということ、キリスト教徒として聖く誠実に生きることと同性愛的関係を持つことは相容れないということを理解していました。彼がそのことを真の美しい生き方への召しと理解していたのか、それとも単に超越的な抑圧者からの重荷と感じていたのかは、永遠の謎でしょう。いずれにせよ、それは孤独をもたらしました。ホプキンスは「寄留者ごとき我が人生よ。親愛なる父と母よ。だが兄弟姉妹はキリストにあって遠くにいる」と告白しています。[11] 同性愛傾向を持つクリスチャンであることは彼に恥をもたらしました。ビークナーは述べています。「(ディグビー・ドルベンとの)短い関わりの間、ホプキンスは彼に対する自分の感情について罪悪感を抱いていたようです。ホプキンスは日記に、彼のことを考えるのは危険であり、会話の中でドルベンの名前が挙がればすぐにその話題から遠ざかるようにしていた、と書いています。[12]」

ここ数年、私はホプキンスの詩集を枕元に置いています。ホプキンスの詩をまた読みたいといつも思わされる理由は、やはり、私と彼の人生の状況との共通点です。彼は私と同じクリスチャンです。彼は私と同じく同性に惹かれる感情や傾向と格闘しました。そして(おそらく)、聖さを求め、変わらない孤独を経験し続け、恥や劣等感を拭い去ってくれる神の承認の声を聞きたいと切望していたのです。これらはすべて私が日常的に感じ、体験していることです。しかし何よりも、私がホプキンスに戻り続ける理由は、彼が悩みの中に神を見出し、キリストと聖霊の慰めを知っていたからです。彼の記録しているこの神への視点とキリストの体験について読むたびに、癒やしへと向かう旅路にある私は、回復と力と勇気を与えられるのです。

神は、多くの人が考えているような、人間の思いどおりになる「おとなしい［原語：tame ナルニア国物語において、アスランがおとなしい存在ではないように］」方ではないことを、ホプキンスは知っていました。確かに神は憐れみ深い方ですが、その憐れみの両端は尖っているのです。神は罪をさばき、罪人の心を変えてくださいます。しかしそれは、しばしば私たちの最も深いところにある自己を引き裂くもののようにも感じられます。同時にホプキンスは知っていました。私たちが最も孤独な道にあるときにも、谷が闇に覆われ昼が夜のように感じられるようなときにも、神は見守っておられ、一歩一歩の前進を喜んでおられ、ご自分の物語のうちに起こるあらゆる展開を気にかける小説家のようにして見つめておられるのです。

ホプキンスの執筆した最も感動的な節の一つは、三位一体の神についての一風変わった賛美歌です。そこでは、嵐の空を走る稲妻のように激しく恐ろしい方でありながらも、同時に恋人のように優しく、成長を気にかけてくださる神がたたえられています。逆説的にも、激しい稲妻の中にこそ、つまり「降ってくる暗闇」の中にこそ、神の愛と憐れみが最もよく現れるのです。

人々の前で崇められよ
神、三つにましてひとつなる御姿よ
洞窟に隠れる敵を蹴散らし
人の悪事を嵐と破滅によりて
甘い舌のことばを越えて
汝は稲妻、そして愛、私は冬と暖かさを見出す
父なるお方、絞めつけた心を癒やされるお方
汝の暗闇の訪れ、それは最も慈悲深きとき[13]

ホプキンスは次第に、自らの絶望や暗闇との戦いも、何らかのかたちで神の愛のご計画の中に含まれているのだと理解するようになっていきました。ホプキンスは神を「私に対して獅子のように脚を」突き立て、「食い入るような暗黒の目で私の傷ついた骨を」吟味する「恐ろしい」方、と呼ぶ一方で、神は最も厳しいように思われる瞬間にこそ確かに慈悲深い方であられるのだ、という確信を持つに至りました。あるときには「あなたを避け、逃げようと必死です」と神に向かって告白しながらも、自らの葛藤の背後に神の目的があることを悟ったのです。では、なぜこのような苦闘が続いたのでしょうか。

それは私の籾殻が吹き飛ばされ、私の穀物が澄んで横たわるため……
彼の心は「喜ぶだろう」
誰を喜んでいるというのだろうか
私を投げ出し、足で踏まれたあの英雄か
それとも彼と戦った私だろうか
どちらなのだ？　いや両方なのだろうか
その夜、その年、哀れな私は、神と（私の神よ！）格闘していたのだ。[14]

ここでホプキンスが言う「英雄」とは神のことです。彼は、麦と殻を分けられる神の聖化の働き、つまりホプキンスの信仰が精錬され、ふるいにかけられていることが、神ご自身の「喜び」であり、ホプキンス自身の喜びでもあるのだということをついに理解するようになります。誰も見る者がおらず、自分が一人でいるように思えるときにも、ともにおられる方がいると気づくのです。

神、魂の恋人よ、思いやりを持って天秤を揺らし
秤が落ちるとき、汝の創造物を完成させよ

力強い主人、父、愛なるお方[15]

ホプキンスは別のところで、自分のような孤独な魂を、キリストの「関心事」あるいは「資産」として描いています。

（キリストの）目は見つめ、心は求め、哀れみは溢れ、足は優しさに従う
彼らの贖いの代価、彼らの救い、最初、そして最後の友であられるお方よ[16]

ホプキンスのように同性愛傾向を持つクリスチャンとして神と関わることは、キリストにあって神が常にともにおられ、厳しく容赦のない、しかし私たちを造り変える力ある恵みによって、いつも見守っておられるのだ、と知ることなのです。そしていつの日か、その恵みは、あらゆる期待にまさる究極の刷新をもたらします。傷ついた性やその他多くの痛みにうめく私たちは、光輝く、永遠に生きる復活の子へと変えられるのです。

稲妻とラッパの轟きとともに
ただちに、私はキリストと一つに

彼がわたしと一つになられたゆえに
　このどうしようもない、惨めな、壊れた器、継がれた布、木片が
朽ちることのないダイヤモンド
　朽ちることのないダイヤモンドとなるのだ。[17]

# 第3章　神が与える栄誉

神に喜ばれ、神の喜びの一成分となること。ただ憐れまれるだけでなく、神に愛されること。芸術家が自分の作品を喜び、そして父親が息子を喜ぶように、神に喜ばれること……。そのような栄光は不可能に思われ、また私たちの考えがおよばないほどの重荷のようにさえ感じられる。しかし、それは事実なのだ。

（C・S・ルイス『栄光の重み』）

試練で試されたあなたがたの信仰は、火で精錬されてもなお朽ちていく金よりも高価であり、イエス・キリストが現れるとき、称賛と栄光と誉れをもたらします。

（Iペテロ1・7）

少し前のことですが、二人の親友の結婚式に出席することがありました。式と食事が終わり、披露宴のバンド演奏が始まると、男性たちはタキシード・ジャケットやブレザーを脱ぎ、となりの女性の手を取ってダンスフロアに移動し始めます。まだデザートを食べていたり、コーヒーをすすったりしている人もいました。私もまた、一人で来ていて、そもそもダンスを教えてもらったこともなかったので、ただ席に座ったままでいました。

しかしそんな私を、その数分前におしゃべりをしていた大学時代の友人は放っておきませんでした。居心地悪そうに座っていた私の気持ちを察してか、微笑みながら「さあ、おいで」といたずらっぽく呼びかけてくれたのです。「カリスにはまだダンスの相手がいないんだってさ！」そして私は彼女の手に引かれ、汚れた食器や空のワインボトルで山積みになった披露宴会場の美しい円卓のあいだを通り抜け、ダンスフロアへと向かいました。

カリスは、学生時代にすこし面識があった程度で、それほど仲が良かったわけではありません。そんな彼女とダンスをすることになった私は、すこし緊張をおぼえました。「カリス、こちらはウェスだよ。」友人が私のことを紹介してくれます。ますます気まずい気持ちになってきました。カリスがこんなに美人だということを忘れていたのです。いたずらっぽく笑うたびに輝くその瞳。彼女のゆるく巻かれた黒髪は、肩にふれるかふれないかのところでゆれています。彼女の着ているドレスは肩紐が細く、すこしだけ日焼けした首と肩があらわになっていました。

「言っておかなきゃだけど、ダンスはあんまり得意じゃないんだ。」カリスに連れられてダンスフロアについたあと、私はそう伝えました。「心配しないで。私が教えてあげるから。」彼女はそう言って、「右手をここに置いて」と、僕の手をとって自分の背中に回します。まだうわついていた私に、手とり足とりダンスを教えてくれようとしたのです。そうして私たちはしばらく踊り続け、音楽が変わるたびにさまざまなステップを試してみました。

私たちのとなり、すこし離れたところにはもう一組のカップルがいました。とても、ダンスが上手な二人でした。エネルギーに満ち溢れ、笑いながら楽しそうに、息ぴったりに踊っていたのです。そして私はというと、そのカップルの男性から目を離すことができなくなっていました。カリスと踊り続けているうちに、だんだん頭がぼんやりとしてきて、すこし気持ちが悪くなってきました。そんな私の気持ちを察してか、カリスはすこし休もうと言ってくれました。私はほっとしながら、同時に混乱を覚えながらダンスフロアをあとにしました。

それから数日後、朝食を一緒に食べながら、また別の友人クリスに何が起こったかを話しました。「二人で踊ったんだ、美しい女の子と一緒に。彼女の手を握り、背中にも触れていた。彼女のドレスは生地が薄くて、体のすべての曲線が見えたよ。ドレスの上から彼女の汗を感じることだってできた。顔ものすごく近くにあったから、彼女の美しい顔がよく見えた。でもね、クリス……。」そして私は続けました。「僕は何も感じなかったんだ。魅力も、興奮も、なにも。性的な欲求だって、起こらなかったんだよ。」

クリスは頷きました。彼は私のことをよく分かってくれていたので、私の話に動じることはありません。

私は話を続けました。「最悪だったのは、この驚くほど美しいダンスパートナーにはまったく魅力を感じなかったのに、数フィート先で踊っていた男性に視線がいってしまったことなんだ。彼の体、彼の動きに、目を奪われてしまったんだよ、クリス。僕はこの男性に惹かれていたんだ。美しい女の子と踊っているというのに、すこし離れたところにいる男ばかりを見て、欲情を感じていたんだよ。どうしていいか分からずもどかしかった。これがゲイってことなんだ。これを変えることができるなら何でもするのに！」

この会話をした前の年、晩冬の寒々とした曇り空の午後に、私はクリスに自分の同性愛について打ち明けていました。自分には支えが必要だと感じていた私は、それ以前から仲のいい友人だったクリスに、自分を苦しめているこの私の一部分を打ち明けようと考えたのです。その日、私たちは何時間も話をしました。私は日記に書きためていた思いを吐き出し、自分がこれまで歩んできた道についても次から次へと話し、この抗いがたい欲求を持ちながらクリスチャンとしてどう生きていくことができるのか、多くの質問を投げかけました。彼は辛抱強く耳を傾け、質問もしてくれました。この問題に新しい光を投げかけてくれるかもしれない本を本棚から取り出し、私に読んでくれました。私のために泣き、祈り、そして最後には、私が今まで受けてきた中でも最高の抱擁をしてくれました。

その日、私はクリスに自分の体、心、性的指向について感じている痛みの感覚、「こんなはずではなかった」と感じる恥の感情を説明しようとしました。「僕は時々、何をするにしても神様に喜ばれることができないと感じることがあるんだ。心身ともに聖さを守りとおすことができた一日だったとしても、夜、枕に頭をのせて眠ろうとすると、自分は何かがどうしようもないほどに間違っている、何かが狂っていると感じずにはいられないんだよ。僕の同性に惹かれる性的指向が、神様を失望させているんじゃないか、悲しませているんじゃないか、もしかしたら怒らせてしまっているんじゃないか、って。もちろん本当にもどかしいのは、蛇口の栓を閉めるようにして、この性的指向をパッと止めることができないところにあるんだ。ゲイでないことを選ぶことができないんだ。僕はこれからも、自分は神様にとって受け入れがたい存在だという感覚に縛られたまま、生きていかないといけないのかな？　こんな僕が、神様に喜んでもらうことなんてできるのかな？」

† § †

すでに述べたように、ヘンリ・ナウエンはゲイのクリスチャンとして、数々の不安と激しく、長い間にわたり戦っていました。その不安の一つは、自分が傷物であり、修復不可能なほどに壊れており、これから先も、もっとも喜ばせたいお方がきっと喜ばれないであろう欲求を抱き続けることになる、という予感でした。マイケル・オラーフリンはこう記しています。

ヘンリがかかえていた心理的な問題の一因には、まぎれもない恥の感覚があった。自分には、もうどうにもすることができない問題があるのではないか、という感情である。その原因はよく分からなかったが、自分には価値がないというこの感覚をより悪化させる要因は、はっきりとしていた。それは、ヘンリがゲイであったこと、そしてその事実が認められない時代に育ったことである。ヘンリは、自分は他の人たちとは違うのだと信じ、その違いはとてもおぞましいものだから秘密にしておかなければならないと考えながら育ったのである。[1]

ゲイのクリスチャンとして、神の御前で良く生きてゆくための戦いの中でナウエンが抱いていた疑問の一つは、この類の恥にどう対処するべきか、ということでした。これは私の疑問でもあり、また私たちと同じ境遇にある多くの人々の疑問でもあると思います。私たちゲイやレズビアンのクリスチャンは、同性に惹かれる欲求が変えられるという経験をしなかったとしても、自分の人生が神に喜んでいただけるものである、という確信を持って生きていくことができるのでしょうか?　私たちは、同性愛傾向を持ったままで、神に喜んでいただくことができるのでしょうか？

私は数多くの異性愛者のクリスチャンと、彼／彼女らが抱いている欲求について語り合ってきました。そのうちの多くの人々が、自分の性は神が与えてくださったすばらしい賜物だと考えていることを知っています。私も、それはそのとおりだと思っています。人間の性を設計されたのは神であり、したがってその性もまた神のすばらしい被造物の一部なのだと。さらに神は、贖いによってそれを聖化へ導き、一夫一妻という結婚制度の中で楽しまれるべきものとされた、ということも分かっています。

しかし、既婚の異性愛者であっても、神のこのすばらしい賜物が汚され、傷つけられる瞬間をよく知っていることでしょう。配偶者以外の異性に対して性的欲求を抱いてしまうときです。そして独身者もまた、将来結婚するかもしれない相手に対して淫らな考えや感情を抱くことで、情欲を経験することがあるでしょう。

ダラス・ウィラードは、情欲を「自分が欲情するために誰かを見ること」と定義しています。性的な空想にふけるために配偶者以外の誰かを見る、ということです。「要するに、私たちは欲情することを欲しているのだ。私たちが欲情にふけり、その情欲を育むのは、その人とのセックスを空想することが楽しいからである。セックスを欲するために、私たちは性的な目で人を見てしまうのだ。[2]」

このように、欲情するという目的のために人を見ることは、「見た結果、性的に惹かれる」のとは異なるものだとウィラードは述べています。欲情するために見ることは意図的であり、また自分の意志をもってなされるものです。それに対して、魅力的な誰かが目に入りその結果としてその人に情欲を抱いてしまうというのは、自然で、反射的に行われるものです。神が設計し、そして与えてくださった、異性との交わりを求める経験の一部であるということができます。それはどんなときでも、どんな場所でも起こりうるものです。車を運転していてある看板が目に入ったとき、レストランで注文するとき、本屋で本を探しているとき、いつでもどこでも起こりうることなのです。

私たちが、目に入った人に性的に惹かれたり、あるいは単にその人を魅力的だと思ったりするだけであれば、それは悪いものではないし、イエスが言う「心の中での姦淫」でもないだろう。性的な誘惑というものそれ自体は、結婚していない相手に性的に惹かれ、その人を欲してしまうことである。そしてそれは通常見ることを通して起こる。この誘惑もそれ自体は悪いものではないが、しかし意図的に誘惑に陥ってはならないのである。[3]

ウィラードによれば、「見た結果、性的に惹かれる」ことそれ自体は罪ではないようです。しかしその欲求の感情をどのように扱うかという選択が、目に入ったその相手を淫らに求めてしまうかどうかを決定づけるのです。

「異性愛者のクリスチャンは、誘惑がやってきて淫らな欲望を抱くとき、少なくともその思いが異性に対するものであることを分かってるんだ。」一緒に話をしたその冬の午後、私は友人のクリスにそう言いました。「たしかに、その情欲は神に喜ばれるものではないかもしれない。でも、少なくとも異性愛者の人たちは、人間が惹かれるようにと神が初めに計画された性別である異性に惹かれているんだよ！」私や他のゲイの人たちもまた、意図的に情欲にふけっていなくても、誰かに惹かれる気持ちが生じるときがあります（それはたいてい、あの友人の披露宴のダンスパーティーのときのように、望んでもいないときに生じるのですが）。しかしその気持ちは、同性に対するものなのです。その気持ちを抱くとき、私には情欲ではない欲求はなく、淫らではない相手に惹かれる思いはないように感じてしまうのです。ダラス・ウィラードが言うように、異性に惹かれることを神に感謝できるような「見た結果、性的に惹かれる」という瞬間を味わうことは決してありません。私が「見た結果、性的に惹かれる」ときは必ず、うめきがともにあるのです。「神様、助けてください！　あなたが与えてくださったこの私の性を感謝したいのに、できそうな気がしません。私がだれかに惹かれるとき、意図的に欲情したり空想にふけったりもしていないときでさえ、その気持ちは歪んでいていびつだと感じてしまいます。きっとあなたを悲しませてしまっている。でも、止められないんです。」

多くのゲイ・クリスチャンにとって、このような恥の感情は日常生活の一部となっています。神学者のロバート・ジェンソンは、この同性に対する性愛的な欲求を「悲痛な苦悩」と呼んでいます。[4]そしてその悲痛さは、自分が神にとって永遠に、絶望的に喜ばれない存在であるという感覚から生じるものなのです。

✝ § ✝

大学時代のある春休み、当時ケンブリッジ大学の学生だった友人のトッドとその妻ケイティを訪ねてイギリスに旅行したことがあります。二人の家にお邪魔していたある夜、ケイティが二人の子どもたちを二階で寝かしつけている間、トッドと私は一緒に台所で皿洗いをしながら話をしました。人生を振り返ってみたときに、世界の見方、人生観、そして神と自分との関係がまったく変わるような瞬間があったと気づくことがあります。私にとっては、この夜がまさにその瞬間でした。

「ウェス、君に話したかったことがあるんだ。」会話の途中で、皿洗いをしていたトッドがそう言いました。「C・S・ルイスのエッセイ『栄光の重み』を読み返してみたんだけど、僕が自分のクリスチャン人生で長年見過ごしてきた、あることに気づかされたんだ。それはね、神様への喜び、救いへの喜びのクライマックスは、いつかイエスと対面したときに、イエスが私たちの地上での人生をほめ、たたえ、賞賛してくれる瞬間に味わうことができる、ということさ。」トッドはしばらく間を置き、私の反応を見てからこう続けました。「ルイスにはそれがはっきり分かっていた。彼のエッセイは前にも読んでいたはずなのに、僕はなぜかそれに気がつかなかった。でもはっきりと書かれていたことなんだよね。[5]」

トッドの言うことは当たっていました。もともとルイスの説教原稿だったものを編集した『栄光の重み』というエッセイは、神がご自身の民に栄光を与える瞬間について詳しく説明したものだからです。「私たちが『栄光』を与えられることは約束されている。その栄光とは、神とともにいることの栄誉、神によって認められること、あるいは『評価されること』と言ってもよいだろう。」ルイスはそのように述べています。「あのイエスのたとえ話から、神による『称賛』のことばを取り去ることはできない。『よくやった。良い忠実なしもべだ。[6]』」

ルイスは、一般的に最後の審判として知られ、聖書の中では「主の日」と呼ばれているその日を、神が私たちにこの栄光を与えてくださる瞬間だと考えています。

私たちは神の「御前に立ち」、徹底的に調べられることになる。聖書にはそう記されている。計り知れないほどにすばらしく、ただキリストのみわざによってのみ私たちが受け取ることができる栄光の約束とは、その約束を選び取る者は誰でもさばきの審問に耐え、神に認められ、そして神に喜んでもらうことができるという約束である。神に喜ばれ、神の喜びの一成分となること。ただあわれまれるだけでなく、神に愛されること。芸術家が自分の作品を喜び、そして父親が息子を喜ぶように、神に喜ばれること……そのような栄光は不可能に思われ、また私たちの考えがおよばないほどの重荷のようにさえ感じられる。しかし、それは事実なのだ。[7]

「ルイスを読んでから、聖書のいたるところに神がくださる栄光と栄誉というテーマが見えるようになったんだ。」ケンブリッジで過ごしたその夜、トッドは私にそう言いました。彼は、まだ水滴のついた最後の食器をラックに積み上げたあと、リビングルームに移動して聖書を開きました。私がこれまで何度も目にしてきたにもかかわらず気にとめていなかった新約聖書の数々のことばを、トッドは教えてくれたのです。

「ですから、主が来られるまでは、何についても先走ってさばいてはいけません。主は、闇に隠れたことも明るみに出し、心の中のはかりごとも明らかにされます。」パウロはコリントのクリスチャンたちにこう助言したあとで（Ｉコリント４・５）、次のように付け加えています。「そのときに、神からそれぞれの人に称賛が与えられるのです。」たしかにはっきりと記されていました。

「自分自身を推薦する人ではなく、主に推薦される人こそ本物です。」パウロは同じコリントのクリスチャンたちにそう記しています（Ⅱコリント10・18、強調は著者）。

またローマ人に宛てた手紙には、次のようにも書いています。「かえって人目に隠れたユダヤ人がユダヤ人であり、文字ではなく、御霊による心の割礼こそ割礼だからです。その人への称賛は人からではなく、神から来ます」（２・29、強調は著者）。

ヨハネの福音書には、神が与えてくださる称賛を求めない論敵たちを非難したイエスのことばが記されています。「互いの間では栄誉を受けても、唯一の神からの栄誉を求めないあなたがたが、どうして信じることができるでしょうか」（ヨハネ5・44、強調は著者）。

ルイスのいう「栄光の重み」について最もはっきりと言及している新約聖書のテクストはペテロの手紙第一だろう、とトッドは言いました。「試練で試されたあなたがたの信仰は、火で精錬されてもなお朽ちていく金よりも（神にとって）高価であり、イエス・キリストが現れるとき、称賛と栄光と誉れをもたらします」（１・７）。

ルイスは『栄光の重み』の中で、これらの聖書のことばがいかに衝撃的なものであるかを強調しています。神が私たちに栄光を与えてくださること。それはとてつもなく素晴らしく、同時にありえないようにも思える出来事でしょう。聖書では「被造物から創造主に向けて」また「人から神に向けて」という方向の賛美だけでなく、「創造主から被造物に向けて」そして「神から人に向けて」という方向で与えられる栄光にもスポットライトが当てられているのです。「そんなことありうるのかな?」私は自分の疑問を声に出してみました。「神が私たちに栄光を与えてくださるなんて。」

この疑問を解く手がかりは、「神がいつかクリスチャンに称賛また栄誉を与えてくださる」というものとはまた別の、しかし同じ新約聖書に記された確信にある。私はそう気づき始めました。何よりもまず新約聖書は、罪の赦し、そして私たちがキリストのうちに「一つとされること」、「受け容れられること」こそが、神から栄光を受け取るための土台であるとはっきり述べています。例えばパウロが記しているとおり、クリスチャンが神の御前に「聖なる、傷のない」状態で立つことができるのは、「キリストにあって、私たちはその血による贖い、背きの罪の赦しを受けて」いるから(エペソ1・4、7)なのです。またパウロはローマ人への手紙の中でも、神が福音にしたがい、キリスト・イエスによって、人々の隠された事柄をさばかれるとも述べています(ローマ2・16、3・21～26)。そしてこのイエスの死によって、罪の赦しは現実のものとなりました。さばきの日に神が与えてくださる栄誉は、私たちが赦され、義と認められているという現実によって可能となるものなのです。

赦しだけではありません。クリスチャンの栄光は、私たちの人生を変革する神の御霊のみわざによってもたらされるものでもあるのです。死からよみがえられたイエスは、神に喜ばれる生き方、すなわち神が称賛してくださるような生き方を可能とする力を解き放たれました。「ですから、神の右に上げられたイエスが、約束された聖霊を御父から受けて、今あなたがたが目にし、耳にしている聖霊を注いでくださったのです。」ペンテコステの日のエルサレムで、御霊の力を目撃した群衆に向けてペテロはそう語りかけました（使徒2・33）。またパウロによれば、ペンテコステ以降の私たちは御霊によって人生を歩んでいるのです。「私たちは、義とされる望みの実現を、信仰により、御霊によって待ち望んでいるのですから。」すなわち神が与えてくださる栄光を待ち望んでいるということです（ガラテヤ5・5）。ルイスが考えていたように、神が与えてくださる称賛は、イエスとその御霊のみわざのゆえに可能となったものなのです。

§

C・S・ルイスはそこで終わりません。この未来の栄光を思い描くことは、今ここでの私たちの生き方に対する考えを左右するものでもあるというのです。神が私たちを受け入れ、喜んでくださるという未来の希望によって、クリスチャンとして今を生きる私たちもまた、自分自身を喜ぶことができるようになります。もっと正確に言えば、私たちは神に喜ばれている自分自身を喜ぶことができるということなのです。

しかし、これは傲慢さとは異なるものだとルイスは考えています。「造り主の喜びとなるために造られた自分が、ついにそのお方を喜ばせることができたと知ったとき、そこにうぬぼれが入り込む余地などない。[8]」

ルイスはこう続けます――

［その瞬間］その人は、これは自分の手柄だというみじめな錯覚から解放されるだろう。いわゆる自己肯定におちいることなく、神が造ってくださった自分をただ純粋に喜ぶことができるのだ。そしてかつて抱いていた劣等感が永遠に癒やされるその瞬間は、プロスペローの本〔訳注＝シェイクスピアのテンペストに登場する本〕よりはるかに深いところへとうぬぼれを沈めてくれることだろう。この完全なへりくだりを得ることができれば、もはや謙遜ぶる必要はない。神がご自身の作品に満足されるのであれば、その作品もまた自分自身に満足することができるのだ。[9]

ルイスによれば、いつの日か神が称賛してくださるという未来の約束のゆえに、私たちは自分たちの務めに、すなわち不完全であっても神に仕え、神を愛するということの人生に、今、満足してもいいのだということになります。

しかし、多くのクリスチャン、それも教会史上の成熟した聖徒や偉大な神学者たちでさえ、このルイスの考えには疑問を呈してきました。神に近づけば近づくほど、自分のうちにやどる堕落と罪深さを感じざるをえないと考えたのです。霊的成長の過程にはたしかにジレンマが存在します。天に向かって高く昇れば昇るほど、自分の欠点という泥沼にますます沈んでいっているように感じてしまうからです。「ああ、神の民の仲間たちが、神だけが知っておられる私の本当の姿を知ったとしたら……。私が神に対して抱いている情熱と献身を、あれほどまでに過大評価することはなかっただろうに！」アメリカ出身のデイビッド・ブレイナードは憂鬱にそう叫びました。「私がどれほど薄情で優柔不断な人間かを知ってもらうことができたなら、ありのままの自分を見てもらうことができ、等身大以上の私を期待されずに済むだろうに。[10]」ロシア正教徒の小説家レフ・トルストイもまた、神の基準にしたがって生きることができていない自分を嘆きました。自身の道徳的過ちを知っている批評家たちに対して、彼は自己嫌悪に陥りつつ次のように記しています。「私は説教をしない。心から説教をしたいと願ってはいる。しかしできないのだ。説教をできるとしたら自分の行動を通してするしかないにもかかわらず、その私の行動もまた下劣ときている。私は罪にまみれており、卑劣で、軽蔑されてもしかたない人間なのだ。[11]」ここに挙げたブレイナードとトルストイは、ほんの二例に過ぎません。同じように感じているクリスチャンは、昔も今も大勢いるのです。

クリスチャンである彼らがなぜこのように語っているか、私には分かります。彼らの話には、私自身の気持ちと重なるものがあるからです。自らのセクシュアリティに悩むクリスチャンである私も、トルストイのように、神の理想に生きることができていない自分――「罪にまみれており、卑劣で、軽蔑されてもしかたない」自分を感じることがあります。しかし、C・S・ルイスの『栄光の重み』を読んでから、私は問うようになりました。「新約聖書は、このように否定的な自己認識を本当に支持しているのだろうか？」と。

私が住んでいたアパートの大家さんが、バスルームを改装しようと決めたときの話です。老朽化して水漏れもしていたため、大家さんは業者に頼んでタイルをはがし、シャワーや棚などもホームセンターで購入した新しいものと取り替えてもらっていました。就職活動の面接があって出かけていたその日、アパートに帰ってバスルームのそばを通った私は、金槌が強く叩き込まれる音、そしてプラスチックが割れて砕け散る音を耳にしました。何ごとかと思いバスルームをのぞいてみると、浴槽がまるで巨大な卵のように割れて砕けています。そしてその割れ目からは、水に浮かぶ石鹸の残りかすが見え、また水で腐った木の板のかび臭い悪臭がただよっていました。のちに考えを巡らせるうちに、この景色は、多くのクリスチャンが自分の人生について抱いているイメージを表したものだと気づくようになりました。外から見ればピカピカで美しいかもしれない。しかしその内側はというと、吐き気をもよおすような汚れと悪臭とで満ちている……。しかし、これは本当にクリスチャンの姿を表したものなのでしょうか？　悪臭に満ちたあのバスルームは、キリストにある私たちの新しい人生を正確に表した比喩だと言えるのでしょうか？　クリスチャンの人生とは、内側を探れば探るほど、ますます汚れが見つかるようなものなのでしょうか？

たしかにパウロは、クリスチャンとして従順に生きようとする自分の努力は不完全であり、罪によって汚されていると考えていました。グラスの水に一滴のインクをたらしたときのように、「新しい創造」であるはずの私たちの存在と行動はすべて堕落に染まってしまっている、[12]と。ヤコブもまた、「私たちはみな、多くの点で過ちを犯すからです」と警句を残しています（3・2）。さらにヨハネも、次のように警告しています。「もし自分には罪がないと言うなら、私たちは自分自身を欺いており、私たちのうちに真理はありません（Ⅰヨハネ1・8）。このような考えが記されているのは確かです。しかし新約聖書全体を見るならば、神に喜んでもらいたいと願うクリスチャンの生き方は驚くほど前向きに描かれているように思われます。勝ち誇ったように語られているわけではありませんが、前向きなのです。楽観的であるとさえ言えるかもしれません。要するに、クリスチャンを「腐った果実」と呼ぶのはふさわしいたとえではないということです。[13]

新約聖書の福音書、手紙、詩、また幻を語るページからラッパの響きのように聞こえてくるのは、イエスの死と復活、そして聖霊の注ぎにおいて、劇的に世界を変えるような、終末的な出来事が起こったというメッセージです。十字架でのイエスの死、よみがえり、そしてペンテコステという一連の出来事によって、世界はもはや後戻りできないほどの変化を遂げたのです。さらに新約聖書は、人がイエスへと立ち返るたびに、その人を解放し、変革し、新生させる何かが起こるということもはっきり述べています。御子を信じる信仰によって、その人の「心」(すなわちその人の存在の核心)は「きよめられ」、またそこに御霊が住んでくださいます(使徒15・8〜9、ヨハネ14・16〜17)。信じた人は、内側も外側も、頭のてっぺんからつま先まで、神の特別な恩恵によって「聖別」されるのです(Iコリント1・2、エペソ1・4、ヘブル10・10)。また暗闇の力から救い出され、御子のご支配へと、そしてその「驚くべき光」へと移されます(コロサイ1・13、Iペテロ2・9〜10)。さらに神の律法を守ることができるようになり(ローマ8・3、13・8〜10)、御霊によって生み出された義の実で満たされるようにもなります(ガラテヤ5・22〜23、ピリピ1・11)。信仰によって、信じたその人は神ご自身の「種」と「注ぎの油」を与えられ(Iヨハネ2・27、3・9)、神ご自身の口から、キリストにある兄弟姉妹を愛するようにと教えられるのです(Iテサロニケ4・9)。「神に感謝します。あなたがたは、かつては罪の奴隷でしたが、伝えられた教えの規範に心から服従し、罪から解放されて、義の奴隷となりました」（ローマ6・17～18）。パウロがローマ人に向けて書き送った感謝の叫びです。

人間の心は、キリストに贖われることで新しく生まれ変わります。その心は、新しい生き方をもたらしてくれます。そしてその生き方こそ、終わりの日にイエスが「栄光の重み」、すなわち神による称賛をたずさえて来られるときに、栄誉を授けていただける生き方なのです。

ではこのことは、ゲイのクリスチャンにとってどのような意味を持つのでしょうか？

† § †

私たちの多くが必要としているのは、信仰に忍耐強くとどまり続けるための新しい自己認識です。私はますますそう考えるようになりました。私たちは、自分自身と、その自分が苦しんでいる葛藤を見つめなおし、そしてそれらを新しく捉えなおす必要があるということです。私はよく、歪んで傷んだ私の性を見つめ、「このままでは神に喜んでいただくことができない。神が召してくださった人生にふさわしく歩むことも、神から称賛をいただくこともできない」と結論づけてしまうことがあります。しかしもし私が、「神を賛美する信仰・聖さ・義にも、葛藤やつまずきが含まれうる」という考えを持っていたらどうでしょうか？　自分の同性に惹かれる性的指向、誘惑、ときに起こしてしまう失敗を、自分がクリスチャンとして失格であることを表す証拠と見なすのではなく、罪と死によって傷つき堕落したこの世界で、それでも信仰によって生きていこうという決心を表す重要な証しであると見つめなおすことができたとしたら？「同性に惹かれつつもキリスト教信仰を公言する人たちは、同性に惹かれる欲求を自らが背負う十字架として受け入れることができる。すなわち、この罪に満ちた世界で神をほめたたえ、生き抜いていくために、神が与えられた戦いとして受け取ることができるのだ。」東方正教会のトマス・ホプコ司祭のことばです。司祭はさらに次のように付け加えています。

同性に惹かれるクリスチャンたちは、自らの同性に惹かれる欲求を、聖化へと向かう道において、神が自分またパートナーにお与えになった重要な一部分と考えることができるだろう。自らの性的な欲求を行動に移さないことは、救いをもたらしてくださったキリストに倣い、その受難に参与する並はずれた機会となるのだ。すなわち同性に惹かれるクリスチャンたちは、自らの性的な欲求、愛しまた愛されたいという願望を、あの聖パウロの勧めを実践するにおいて重要な一要素として受け取ることができるのだ。「ですから、兄弟たち、私は神のあわれみによって、あなたがたに勧めます。あなたがたのからだを、神に喜ばれる、聖なる生きたささげ物として献げなさい。それこそ、あなたがたにふさわしい礼拝です。」[14]

私の同性愛傾向、男性にしか魅力を感じない性的指向、そのゆえの悲しみと悔い改め、キリストの恵みと聖霊の力の中でふさわしく生きようともがく歩み……。私はだんだんと、これらが私の堕落や偽善を表しているると考えるのをやめるようになりました。そうではなく、失敗し、悔い改め、回復し、喜びのうちに新しくされ、忍耐し、苦悶しつつも従順に生きようともがく私の旅路は、よみがえって死に勝利なされたキリストの御霊が私を変革しようとしてくださっている過程なのだと、ゆっくりとしかし確実に、捉えなおすようになったのです。

聖書は、クリスチャンが経験する罪との戦いを「信仰」と呼んでいます（ヘブル12・3〜4、10・37〜39）。また、不純な欲望との格闘は「聖さ」と呼ばれています（ローマ６・12〜13、22）。私はこれらの聖書の記述を、自分に当てはめてみようと考えるようになりました。この歪んだ欲求に対する日々の格闘は「信頼」と呼ぼう。さまざまな誘惑に屈しまいともがく戦いのことは「聖化」と呼ぼう。欠けだらけで、不完全で、でも決してあきらめずに戦い続ける私の誠実さこそ、終わりの日に神がほめてくださる、そして究極的にはイエスご自身の栄光となる御霊の実なのだと、そう考えるようになったのです。

ゲイのクリスチャンでありながら聖くあろうともがき続ける私の戦いを、御父はかぐわしい香りとして受け取ってくださるかもしれない。私は自分の苦しみが、C・S・ルイスが言うところの「神の喜びの一成分」になりうるかもしれないと信じるようになったのです。

私たちが従順であることは神にとって価値あるものであり、また神はそれをしっかり見てくださっていると福音は語ります。神は、同性に惹かれながらも忠実であり続けようともがく私たちの苦しみを見てくださっているのです。神は御子と御霊を通して、恵みをもって私たちを助け、そして私たちの忍耐を価値あるものと見てくださいます。

J・R・R・トールキンによる『指輪物語』三部作の中で、冥王サウロンが作り出した邪悪な指輪を破壊する旅へと出かけたフロドの仲間のサムが、自分とフロドの旅が「どのような物語になるか」について考えを巡らせるすばらしい場面があります。サムがフロドに語りかけているところです。

†─ § ─†

これからどうなるか、旅に出る前にもっとよく分かっていたら今頃こんなところにはいなかっただろうね。でもきっとこういうものなんだと思う、昔話や歌にある勇敢な物語ってのは。フロドさん、「冒険」ってやつですよ。冒険ってのは、すごいやつらがわざわざ出かけて見つけにいくものだと思ってた。人生がちょっぴり退屈で、でも冒険は楽しそう。だから探しに行くんだ、って。気晴らしみたいなものだろうと思ってた。でも本当に心に残る物語ってのは、そういうもんじゃないのかもしれない。わざわざ探しに行かなくても、気づいたら冒険の中にいるんだ。道が勝手にできていて、知らないうちに冒険が始まってる。ぼくらみたいにその道を引き返すタイミングはいくらでもあったはず。でもそうしなかった。もし引き返していたら、誰もそいつらの物語を覚えていない。その道を進み続けたやつらの話だけが語り継がれるんだ。ぜんぶが「めでたし、めでたし」というわけにはいかないかもしれない。例えば、何も変わらなかったというわけじゃないけど、でも無事に家に帰って来ることができたという話もある。ビルボじいさんの旅みたいにね。でもそういう旅の話が、一番ワクワクする物語だとはかぎらない。もちろん無事に帰って来られるにこしたことはないけどね！　ぼくたちが迷い込んだこの冒険は、どんな物語になるんだろうね。[15]

サムはさらに、誰かが自分たちのことを覚えていてくれて、旅を語り継いでくれるだろうかと考えを巡らせます。ピーター・ジャクソン監督によるすばらしい映画版「二つの塔」の中で、サムはこう語っています。

ほんとうだったら、ぼくたちはこんな旅に出かけているはずじゃなかった。でもここまで来てしまった。いつか誰かが、そんなぼくたちの話をしてくれる日が来るのかな。「さあ、フロドと指輪の話をしよう。」「ぼくの大好きな物語だ。父さん、フロドは本当に勇敢な人だよね。」「ああそうさ。ホビット族の中で一番の有名人だよ」ってね。

同性愛傾向の経験と生きる中で、私は何度も、自分の人生が違うものであったならと願うことがありました。どんな重荷でもいい、この同性愛以外の重荷を負うことができたら、と。しかし、もしこの私の人生を見てくださる方がおられるのなら……私の一歩一歩を注視し、先の見えない曲がり角を気にかけ、進んで行くさまを見ていてくださる方がおられるのなら、この重荷にも耐えられるかもしれません。

長い道のりの中で、孤独と欲求によって希望のともしびが吹き消されそうになることがあります。でもそんなとき、自分はフロドとサムのように壮大な物語の中にいて、すべてを見渡し、すべてを気にかけておられるその物語の「読者」にして「著者」であられる方が私を見てくださっているのだと思うと、救われる思いがします。『指輪物語』三部作のサムは、もがき苦しむ自分たちの物語を読みたい、聞きたいと思ってくれる人たちがいるはずだと信じていました。私も同じように、この私の物語を気にかけてくださっているお方がおられると信じています。サムやフロドの場合と異なり、私の物語や心の奥深いところでの格闘は、人には知ってもらうことができないものかもしれません。それでも私は耐えてゆくことができます。この傷んだ性という重荷を背負いながらも、信仰者として忠実に生きていこうと、もがき続けることができます。私の人生が神にとって価値あるものであるという確信があるかぎり、また不思議なことに、私の信仰が神に喜ばれ、その御顔に笑みをもたらすことができるという確信があるかぎり、私は戦い続けることができるのです。

†─§─†

同性愛のクリスチャンとして独身で生きているマーティン・ハレットは、私がこの章で記したいくつかの洞察を、私よりもっと先に理解していました。私よりも多くの経験をしてきたマーティンのことを、私は「偵察兵」のような存在として尊敬しています。ぐずぐずと遅れをとってしまう私たちの先を走り、戻ってきてその道の果てに何があるかを報告してくれるのです。

同性愛の性行為について、マーティンは伝統的なキリスト教の教えに立っています。私やその他多くのゲイのクリスチャンと同じように、彼もまた、神は同性愛的な性行為を控えることを願っておられると確信しています。しかし意外なことに、マーティンは自分の同性に惹かれる性的指向を「神からの賜物」だと考えているのです。多くの人は同性愛傾向を「『克服』すべき問題、そして『癒やされる』べき『ハンディキャップ』[16]」として見ることしかできていません。しかしマーティンにとって、自身の同性愛傾向は「ポジティブなもの」であるというのです。それ自体が良いものであるからというわけではなく、神の主権のもとで、同性愛傾向は祝福につながりうるものだからというのがその理由です。「悪いものにも価値がありうるということを、聖書は繰り返し教えてくれている。」マーティンは何度もそう述べています。[17]

イギリスでクリスチャンとしての人生を歩み始めて間もない頃、マーティンは自分の同性に惹かれる性的指向が教会のミニストリーになることを発見しました。思慮深い律修司祭ロイ・バーカーの手引きのもとで、同性愛の話題に関心を持つ教会関係者のためのイベントを通じて、マーティンは自分の経験について語りました。彼は後にこう記しています。「バーカー司祭は、私の同性愛傾向にもかかわらず、というのではなく、まさに同性愛傾向を持っていたからこそ、私のうちに数多くの可能性を見出してくれた。[18]」このミニストリーの経験を通して、マーティンは、自分の同性に惹かれる性的指向を価値あるものとして、ポジティブなものとして、またキリストのからだにある誰かを助けられる可能性を秘めたものとして見つめなおすことができたというのです。

「すべてを治めておられる神が著してくださった私の人生という物語には、私の性的指向も登場する。そしてそれは、教会の益になるようにと与えられた賜物なのだ。」マーティンはそう記します。「私はこの経験を、ほとんど毎日味わわなければならないことに感謝している。それは格闘や失敗だけでなく、勝利や、また自分が誰かにとって価値ある存在になれていることを知ることができるからだ。[19]」さらにマーティンは、私たちのセクシュアリティが「誰かの益となりうる」と続けます。「私たちは誰かを励ますために、その経験を用いることができるかもしれない。また、性的な告白をしてくれた人を愛し、信頼することのためにそれを用いることもできるのだ。」

マーティンは、自らの同性愛傾向の物語を他人に打ち明けるというこの過程を「プレゼントの包みを開けること」にたとえています。「自分の性的指向を誰かに打ち明けることは、自己開示というかたちでその人の益になりうる。自分の個人情報を誰かに託すというのは、大きな負担がかかるものである。しかし、それはすばらしい愛の行為なのだ。[20]」ミネアポリスの教会に通っていたころ、友人たちにゲイ・クリスチャンとして歩んできた自分の物語を打ち明けたことがあります。私の告白を聞いた友人たちは、いつもきまって「愛を感じた」と言ってくれました（当時の私はそんなこと信じられませんでしたが）。私が彼らまた彼女らを信頼して自分の話を打ち明けたのは、その友人たちにとって名誉なことであり、特別な信頼を感じたというのです。「自分が特別な状況に置かれているにもかかわらず、というのではなく、まさにその特別な状況のゆえにこそできるミニストリーがあるということを、私たちは認識する必要がある。」マーティンもそう語っています。[21]

私たちの同性に惹かれる性的指向は、ただ教会で特別なミニストリーを提供してくれるだけではありません。自分が傷ついていること、したがって自分には神が必要であるということをますます強く気づかせてくれるものでもあるのです。道徳的に優れた自分へと生まれ変わることを求めるのではなく、自分が赦されていること、十字架でのイエスの死によって自分の罪が取り消されたという事実により頼むことを否応なく促してくれるのです。マーティンのことばを借りるならば、私たちの同性に惹かれる性的指向は「私たちを神にますます近づけてくれる」[22]ものなのです。

クリスチャンとしての人生を歩み始めて間もないころ、マーティンはしばらくのあいだ性的誘惑から解放された時期を経験しました。規模の大きい福音派教会で喜びに満ちて奉仕をし、さまざまな人々へのミニストリーに参加するという祝福にあずかっていました。しかしその後、誘惑が戻ってきます。クリスチャンになる以前、マーティンは同性のパートナーと関係を持っていました。そのときの欲求と葛藤が再び現れ始めたのです。しかし、もう後戻りはできない。クリスチャンとなったマーティンは、過去の自分と決別したことをよく分かっていました。「私はキリストとともに、もっと先へと歩んで行きたかった。そして私は、自分の戦いすらもポジティブなものとして捉え始めたのだ。その葛藤を通じて、私の同性に惹かれる性的指向は私について多くのことを教えてくれた。そして究極的には、神の愛と赦しについてたくさんのことを教えてくれたのだ。[23]」

マーティンにとっての同性愛とは、過去の傷や痛みを「語る」ものです。[24]自分の人生、不思議なる神のご計画、そしてキリストを通して成し遂げられた贖いという賜物に思いを巡らせるようにと、呼びかけてくれるものなのです。悪と見えるものを通して生み出された善に心開かれることで、私たちは自分の性的指向の声を、その叫びを「聞く」ことができるようになります。「自分の物語、そして他者の物語には価値があるということを、私たちは学んでいくことができる。それは他ならぬ神が『陶器師』であり、また『物語の語り手』であるからだ。[25]」

ゆっくりと、これ以上ないというほどにゆっくりと、私はそのことを学んでいます。同性に惹かれる性的指向を持ったまま、キリストにあって神に忠実に生きようともがく私の人生は、神が喜んでくださるものであるということを。そして私は、神が称賛を与えてくださるその日を待ち望んでいます。信頼、希望、そして自己犠牲という私の労苦に、神が栄誉を授けてくださるその日を。そのときキリストは、私にこう語りかけてくれるでしょう。「よくやった。良い忠実なしもべだ。主人の喜びをともに喜んでくれ。」

# 罪洗われ、今なお待ち望む

## 《補遺》同性愛に対する福音派のアプローチ

私が『罪洗われ、待ち望む』の原稿を書き始めてから十年弱、初版が出版されてから五年以上が経ちました。[1] 原稿を書き始めた当時、私はこのテーマに関して存在していたギャップを埋めることを目的としていました。私は自らの物語が他のクリスチャンと歩調を合わせることを難しくしていることを自覚していました。一方で私は、プリンストンの神学者であるウィリアム・ステイシー・ジョンソンが言うところの同性愛を「祝福」、「解放」、または「聖別」と捉える枠組み、つまりコミットメントを伴う同性のパートナーシップが良いものとして認められ、不正義に対抗する社会正義の象徴とされ、教会によって完全に祝福され聖いものとして認められるべきだという立場に自らを位置づけることができませんでした。[2]

同時に、私は同性に惹かれる性的指向からの「解放」や性的指向の「減少」という枠組みにも自らを当てはめることができませんでした。同性に惹かれる人の中には、「性的指向の大きな変化」と言われるような経験をし、異性の配偶者と結婚する人もいます。そのような人々に反対していたわけではありませんし、今も反対するつもりはありません。[3] しかし、あくまで私自身に関しては、そのような性的指向の変化はなかった（そして今もない）ことを証言する必要性を感じたのです。私は同性にのみ惹かれるということに関して変わっていません。

このような「中途半端」にも見られるような立場に立つということは、互いに関連するいくつかの課題を深掘りすることが必要でした。まず第一に、私は伝統的なキリスト教の性倫理の合理性と妥当性について説明する必要がありました。つまり、結婚とは（旧・新約聖書の正典的証言に照らし合わせたとき）一人の男性と一人の女性による生涯にわたる契約上の結合であること、そして結婚の絆の外でのあらゆる性行為は禁じられており、したがって、同性間の性行為は、搾取や暴力を伴う場合だけではなく、それ自体が道徳的に誤っているということ（ローマ書1章のパウロの創造論的神学が示すように）です。しかし、第二に、なぜ私が自分の性的指向を変えようとしなかったのか、より専門的な用語で言えば、なぜ自らの性的指向の「修復」を追求しなかったのかを説明する必要もありました。そして第三に、私は「第三の道」とはどのようなものであるのかを説明する必要がありました。つまり、自らのセクシュアリティを完全に「容認する（原文＝affirm）」のでも、それから逃げるのでもない道です。簡潔に述べると、私のキリストへの弟子としての生き方は、性的禁欲、つまり「独身」を貫くことであり、同時に、同性に惹かれる生き方、つまり「ゲイ」としての生き方であると説明する必要があったのです。

私はできる限り、そのような生き方がどのようなものなのか（孤独、疑い、疑問、恥や罪悪感との継続的な戦いに関して、また、共同体、友情、教会での奉仕の追求など）について正確に表現することに尽力しました。私がこれらを記したのは、他の同性に惹かれるクリスチャンが、私の物語に共感し、慰めを得るためでした。同時に、牧師や他のキリスト教指導者が、教会の中でゲイやレズビアンの信者にどのように仕えればよいのかを私の経験から学んでくださることを願ってでした。私自身が経験している葛藤を短いスローガンで言い表すとすれば、それは「罪洗われ、待ち望む」者です。私はコリント人への手紙第一6章のことばにあるように、洗礼の水を通して罪赦され、聖められた者であり、ローマ人への手紙8章にあるパウロの希望に満ちたことばのとおり、からだの贖い、つまり堕落した性の最終的な聖化と変容を切に待ち望んでいる者なのです。新約聖書の「すでに／いまだ」という終末論的観点から、子羊の血ですでに洗われ、今なお忍耐をもって神の国の完成を待ち望む者、というアイデンティティを、自分自身と他のゲイやレズビアンのクリスチャンにとってのアイデンティティとして提示したかったのです。

私が本を出版した数年後に、ジェフ・チューというジャーナリストが『*Does Jesus Really Love Me? A Gay Christian's Pilgrimage in Search of God in America*』という本を書きました。アメリカのゲイ・クリスチャンの生活についての調査の中盤で、チューは私の『罪洗われ、待ち望む』について考察しています。「ヒルの短い本を読み終えたとき」と、彼は以下のように記します。

私は……むしろ彼が三十年後に書くかもしれない本、『罪洗われ、今なお待ち望む（*Washed and Still Waiting*）』を読みたかったのだと気づいた。二十代の人が独身を選んだことを公にするのは、確かに難しいことだろう。型破りであり、大胆なことだろう。しかしその決断を三十年後にも支持し続けることは、まったく別のことである。三十年後、このような長期間の禁欲はどのような影響を及ぼすのだろうか。このような長期的な貞操観念は、どのような効果をもたらすのだろうか。比較的若いうちにこの道を選んだ同性愛者の人生はどのようなものになるのだろうか。[4]

チューの問いかけを手がかりに、私はこの論文で「罪洗われ、待ち望む」者のその後について考察したいと思います。三十年後の知恵を提供することはできませんが、私の立場を長期的に継続するために必要な神学的・牧会的考察を示すことはできると思っています。ゲイまたはレズビアンの独身クリスチャンにとって特に関係する実践神学の三つの領域を以下で探求したいと思います。第一に、特に福音主義的な環境において、独身という召しの尊厳を回復するための共同体の必要性について論じます。第二に、独身生活の中で自分の性を管理（原文 =steward）する訓練についての神学的考察の必要性について述べます。そして第三に、独身生活の方向性や目的についての神学的考察（特に霊的友情や霊的家族の形式について）が教会にとって必要であることを示します。

## Ⅰ　独身性の尊厳

まず初めに、私たちが、もう一度独身〔訳注＝原文はcelibacy。独身者（singleness）とは異なり、カトリック教会の司祭のように、性的関係を持たない選択を示すことば〕の名誉や尊厳について学ぶ必要があることに目を向けます。この「独身」という牧会的・神学的倫理の側面について、深く考えることを困難にしている福音主義文化のいくつかの特徴に注目したいと思います。第一は、福音派の聖書学や神学研究において、「独身性」が十分に議論されず、理論化もされていないことです。二〇〇九年にはクリスティン・コロンとボニー・フィールドのすばらしい本『独身主義――なぜ今日の教会で独身が再発見される必要があるのか』が出版され、またその一年後にはバリー・ダニーラックの『独身を取り戻す――聖書の物語が独身の生き方をいかに肯定しているか』[5]という本が出版されました。しかしこの二冊以前は、このテーマに関する資料はほとんど存在しておらず、福音派の牧師や教師は、独身性を聖書的・神学的に広く位置づけようとする大規模な取り組みを避け、実践的考察を重んじるその場しのぎの扱いに頼らざるをえませんでした。

このように意図的に独身を選ぶことの神学的根拠が注目されないのと相まって、福音派の中には、特に若いクリスチャン男性が独身であることを阻止しようとする動きが活発です。近年、福音派の著名な牧師たちが、結婚を単に犠牲的な愛の場としてだけでなく（特別な「独身の賜物」があると見分けることができない限り）、クリスチャンの「義務」として理解されるべきであると説き、大きな話題となりました。ある福音派の牧師は、「聖書的に見て、独身は理想的ではない」とまではっきり語っています。[6]

このように独身性という召しが否定される一方で、同性愛に関する福音派の文献の多くが、同性に惹かれた人々のほとんどが、キリスト教的貞操観念を追求するために独身者［原文 =single］として生活することになると指摘します。しかしなぜ、またどのようにして独身者としての歩みが可能なのかについての言及はありません。例えば、一九九三年に出版され、「元ゲイ（ex-Gay）」運動の間で広く流通したボブ・デイヴィスとローリ・レンツェルの著書『同性愛のカミングアウト――男と女の新しい自由』は、このように記します。

同性間の不道徳な行為から長年脱却している人でも、元同性愛者の大半は独身です。中には、二十代後半以降に同性愛から離れたものの、適切な結婚相手が見つからなかっただけという人もいます。また、以前に結婚したことがあり、新しい結婚を始めるのをためらっている人もいます。また、独身であることに満足しており、交際を始めることに意欲を感じない人もいるのです。[7]

しかし、この「元同性愛者」のほとんどが独身であるという事実にもかかわらず、著者は二百八ページの本のうちのわずか一・五ページしか独身についての議論に割いていません。一方、「元同性愛者」への交際・結婚に関するアドバイスには3章、計三十八ページ（本書のほぼ五分の一）を充てているのです。読者の大半は、このような内容とは無縁であると認識しているにもかかわらず、そこに重点を置くことを選択したのです。二〇〇六年に出版されたエクソダス・インターナショナルの当時の会長アラン・チェンバーズ〔訳注＝エクソダスは同性愛の性的指向を方向転換させる転換療法が可能であると主張した超教派キリスト教団体。チェンバーズは二〇一二年、転換療法は効果がなく有害だとして放棄した。翌年、組織を閉鎖し、プログラムの参加者が受けた痛みと傷について謝罪した〕が編集した本においても、同性に惹かれるクリスチャンが独身生活を選択することを無視、あるいは完全に軽蔑するような論調が見られます。[8]

このように、福音派は独身性の名誉と尊厳を認識することに失敗してきたのです。福音派の指導者たちが同性に惹かれる信者に司牧的ケアと援助を教会の中で提供するためには、この点を変える必要があるでしょう。

第一に、私たちは独身性の聖書的・神学的根拠を回復しなければなりません。新約聖書における独身は、初期クリスチャンの行き過ぎた禁欲的行為ではありません。むしろすべての信者の天命を強調し、結婚の召しの賜物としての性質を補強する、最高に名誉ある召しとして認識され、奨励されているのです。バリー・ダニラックらが示したように、新約聖書の独身に関する教えの論理は、終末論的土台からその力と性格を得ています。一世紀のヘレニズム文化やローマの哲学、そして旧約聖書においても、男であるということは、結婚して子どもを作ることによって子孫を育て、自分の血統を保証する義務があるということを意味しました。この理解において、「男性」であることは「女性」を抜きにしては成り立ちません。男性的であるためには、妻との関係において自らを定義することが必要でした。後世のユダヤ教のラビは、「二十歳でまだ結婚していない者は、その日のすべてを罪に費やす」(b. Qidd. 29b) と、大げさに誇張しています。同様に、女性であることは、子どもを産み、女性性を確立するために、結婚して妻の務めに専念する義務があることを意味しました。この理解においては、「女性」は「男性」なしでは不完全なものです。夫と子どもとの関係において自らを定義することによって、まさに「完全な」女性となると理解されていました。それゆえに、旧約聖書には不妊の女性の嘆きが数多く記されています (創世記11・27~30、29・29~30、士師記13・2~7、Iサムエル記1・1~8、Ⅱ列王記2・14~16など参照)。

しかし、このような文化的規範の中で、イエスは自ら独身を選び、それを「新しい時代」の急進的なしるしとして勧めました。マタイの福音書19章で、宦官の自発的な選択による生き方をイエスが称賛したのは、神の国、すなわち新しく始まる神の支配のためだったと述べます（12節）。多くの学者が認めるように、イエスが独身を選択することを奨励したのは、時代を超えた禁欲主義ではなく、むしろ新しい時代がすでに訪れていること、そしてイエスの降臨の意義を示す終末論的な象徴でした。[9]なぜなら、将来の復活において私たちはめとることも嫁ぐこともなく（マルコ12・25、マタイ22・30）、死はもはやなく、したがって子孫を産んで種族を保存する必要もなくなるからです（ルカ20・35～36）。だからこそ、イエスと彼の弟子たちは、その未来を見据えて現在を生きるのです。そして福音書記者たちによれば、その未来は、イエスご自身の死と復活を通してすでに始まっているのです。

使徒パウロもまた、独身を結婚に至る途中の一時的な状態としてではなく、永久に受け入れるべき名誉ある状態、結婚と同等の名誉に値する召しとして位置づけています。コリントの信徒に対して、「ですから、婚約者と結婚する人は良いことをしており、結婚しない人はもっと良いことをしているのです」（Ⅰコリント7・38）と述べているように、です。キリストの出現による時代の転換は、神がイスラエルや諸国民に関与された歴史の中で、初めて独身であること自体が良い状態であると肯定されたことを意味します。もはや、男性が女性と結婚して結ばれる必要も、女性が男性と結婚して結ばれる必要もなく、両者、あるいはどちらかが来るべき神の国に向かって歩むことができるのです。むしろバプテスマを通してキリストの衣をまとっている限り、婚姻関係にかかわらず、すべての人が、御霊と宣教のための力が完全に与えられることを確信できるのです（ガラテヤ3・27〜28）。[10]

この終末論的独身理解は、独身者自らが道徳的に他者より優れた存在になることを目指す個人主義的なヒロイズムではありません。[11] むしろ、独身という召命は、結婚という召命と連動して、来るべき御国を証しする方法として理解されます。[12] 独身も結婚も、それ自体で理解することはできません。新約聖書における結婚は、教会に対するキリストの愛のしるしであり（エペソ5・22〜33）、黙示録における終末的な子羊の婚宴の型として理解されるようになります（19・9、21・1〜2）。さらに、独身者の召命は、オリバー・オドノヴァンが言うところの、結婚が意味し、可能にする愛の忠誠の終末における「拡大」の証人です。[13] 復活においては、めとることも嫁ぐこともない（マタイ22・30）以上、独身者の人生は、今や終末の状態を示す直接的なしるしとして機能するのです。エフライム・ラドナーは以下のように述べています。

童貞性（原文 =virginity 男女問わず用いられる用語）は教会の運命の初穂であり、その特別な禁欲的生活は、教会に属するすべてのキリスト者が、キリストと結ばれるための完全な準備の瞬間に最終的に抱くことになる聖さのひな型として機能するのである。……童貞性は……来るべき完全なもの、すなわち、贖罪的和解が完成したときの聖められた生活の前兆なのである。[14]

同時に、キリスト教における結婚の継続的な実践は、創世記1～2章の創造の物語を振り返り、「創造の秩序を認め、回復」します。[15] 結婚がこのように機能する限り、身体性と善き創造を尊重します。さらに、独身性はその尊厳を保つ限りにおいて、結婚とは常に贈り物にすぎないということを明らかにします。「結婚が強制ではなく、自由であるためには、教会の社会生活の中で独身性が存在する必要がある。[16]」カール・バルトが認めたように、新約聖書の理解において、結婚とは「特別な召し、贈り物であり……二人の人間の自由な意思と行為による」ものとなったのです。[17] 新約聖書の独身性の支持は、「創造の秩序を越えて、その終末論的変容を指し示す[18]」。それによって、新約聖書は義務としての結婚を退け（たとえ結婚しなくても、キリストにおける神の終末における生き方のしるしとなることが可能なため）、同時に使命としての結婚（結婚が神によって祝福される唯一の生き方の形態ではないことを知り、神からの贈り物として受け取る）を祝福します。

これらのことから、私たちは単に独身性を「許容」するだけでなく、積極的に擁護する必要があります。独身性とは、人々が結婚に向けた不可避な道を歩む中で、嘆き、耐えるべき一時的な状態などではありません。また、独身性は、同性に惹かれたクリスチャンが、真に癒やされ、変えられた人生を送ることができない場合の劣った召しとして理解されるべきものでもありません。それどころか、独身を貫くゲイ・クリスチャンは、まさにその独身性のうちに、そして独身であることを通して、キリストの生き方を模倣する者、来るべき王国のしるし、自分自身や結婚した友人や隣人のための神の恵み深い召しの証人となりうるのです。

## Ⅱ　独身者としての性の訓練

独身生活の尊厳について述べたあとで、独身性の育成と訓練についても問わなければなりません。それはどこまで実践可能なのでしょうか。教会の中で、独身を選ぶ者が喜びと希望を持って生きられるためには、どのような環境が必要なのでしょうか。聖公会の神学者サラ・コークリーは、性的欲求に関する現代の西洋の考察が矛盾に満ちていることを指摘します。一方で、未婚者の性的禁欲を求める明確な呼びかけがあります。聖書や古典的なキリスト教の神学に則り、配偶者と結ばれていないクリスチャンは、性行為を控えることが期待されます。他方で、独身性に対する明確な疑念の声も耳にします。多くの教会では、性的欲求の制御困難な性質のために、長期間独身でいることは好ましくないと考えられています。その結果、コークリーが述べるように、「最も深い『文化的矛盾』（独身は不可能であるにもかかわらず、ふさわしくないとされる性的欲求を持つ人々が受け入れるべきものである）」が生じるのです。[19]

もしコークリーの現代の教会に対する診断が正しいのであれば、同性に性的欲求を抱く信仰者にとって、状況は特に深刻です。一方で、そのような経験を共有する私たちは、性的に禁欲的であることを求められます。同性との結婚というキリスト教の召しは存在しないと考えるからです。しかし他方で、私たちが長期的な性的禁欲の現実と困難に取り組もうとするとき、神学的・牧会的配慮がほとんど存在しない事実に直面します。

ゲイやレズビアンのクリスチャンが長期的な性的禁欲を受け入れることができるようになるには、聖書神学以上のものが必要なのです。性的欲求が続く中で直面する、独身を貫くことにまつわる牧会的、実践的な課題を助けてくれる仲間の信徒が必要なのです。サラ・コークリーの言う「文化的矛盾」に話を戻しましょう。独身を貫くゲイやレズビアンのクリスチャンが必要としているのは、結婚、独身、同性愛に関する伝統的なキリスト教の教えを単に支持し続けるだけの教会ではありません。独身という「不可能な理想」を否定せず、日々の具体的な体験を視野に入れつつ、その召命の複雑な挑戦と機会をともに模索してくれる教会を必要としているのです。

私が考えているのは、ゲイやレズビアンのクリスチャンが、自らの性的被造物としてのアイデンティティを消そうとしたり無視したりするのではなく、オリバー・オドノヴァンが述べるように、「(オドノヴァンが「感性と感情の様相」と呼ぶ）ゲイの経験を、神への奉仕とキリストの弟子としての歩みにふさわしい生活パターンとして身につける」ことを可能とするような働きです。[20] キリスト教の伝統における独身性は、性的欲求の現実に目を背けるような生き方ではありません。それは性的存在として造られた創造の現実から逃れる方法ではないのです。実際、コークリーが指摘するように、ある意味において、「独身性は、定期的に性的な満足を得る生活よりも、性的欲求とその不足をより強く意識することになる」ものです。[21]

その理由は、少なくとも二つあります。第一に、最も緻密な心理学的研究によれば、独身を貫くことは時間をかけて深められる生活様式であり、長い実践の後にのみ最大の利益をもたらすものであることです。独身であることで、またそれを通して得られる満足感や愛の奉仕は（カトリックの司祭や誓いを立てた修道者のように）最初から完全に、あるいは完璧に実現するわけではありません。多くの場合、独身性とは人生を通して「体現する」ものであり、成熟が必要なものです。元カトリック司祭で精神科医のA・W・リチャード・サイプは、そのキャリアの大半（約四十年）をローマ・カトリックの文脈における独身性の実践の研究に費やしました。そして、真の独身性はそれを実践する人々にとって確かに実行可能で健全なものであると論じています。しかし、そのためには独身であることを積極的に求める必要があるとも述べます。[22] サイプの主著である『独身制の危機（*Celibacy in Crisis*）』によると、実際多くの誓願を立てた聖職者が規律正しい性的禁欲の生活を送っているとのことです。しかしその反面、サイプが言うところの（あまり好ましい表現ではないのですが）[23]独身を「達成」したとされる状態（主要な成長過程における危機を乗り越え、独身を貫くことを喜び、元に戻ることがない状態）の人はより珍しいようです。サイプは、そのような成熟した独身性には常に共通した十の特徴が存在すると考えます。①仕事（時間とエネルギーの生産的な使用）[24]、②祈り（神の臨在の中で生きる活発な内的生活）、③コミュニティ（〈独身者が〉コミットし、頼ることができる人々の存在）[25]、④奉仕（自らの領域を超えた何らかの自己犠牲）、⑤自らの身体的必要を認識し、正しい空腹を優しさとセルフケアを通して満たす意志、⑥生活リズムのバランス、⑦人間関係や共同生活における安心感（「独身の達成者たちは皆、自らの本心を打ち明けることができたと思える相手がいた」）、⑧日常生活や季節ごとの生活の秩序、⑨他者と自らが住む世界についての学びと継続的な好奇心、⑩美を感謝する心。このような独身生活を送る人は、自分の欲求、誘惑、憧れ、弱さの特徴的なパターンを熟知している必要があります。

しかし同様に、独身性を求める者たちは自らのセクシュアリティに目をつぶることはありません。なぜなら、彼らのセクシュアリティは、性交への欲求に還元されるものではないためです。広義のセクシュアリティは、関係性を築くための感情的能力として理解されるべきでしょう。それは非性的な方法で自らを他者に与えること、またお互いを知ることへの欲求を含むものです。

ローマ・カトリックの司祭であるルイ・J・カメリは、このように述べています。

（性器を伴う）性的活動と、自らのセクシュアリティを発揮することは、根本的かつ本質的に区別される必要があります。両者は同じではありません。（性行為が行われるかどうかは別として）自らのセクシュアリティを生き抜くということは、人間のセクシュアリティが持つ、つながり、居場所、命を与えるという原動力に対して、身体的、かつ霊的に応答するということです。……同性に惹かれる性的指向を持つ人々にとって特定の課題は、自らのセクシュアリティを受け入れつつも、それを性器を伴う方法で働かせないというものなのです。[26]

この課題は、ゲイやレズビアンの信者が自らのセクシュアリティを受け入れ、探求するために、他者の助けを必要とするものです。身体性を伴う課題に具体的に取り組むことなしに、独身を貫くことの根拠を説明するだけでは不十分なのです。ポジティブな言い方をすれば、独身性の尊厳を認めると同時に、ゲイやレズビアンの信者がその召命を受け入れつつ、満ち足りた人生を歩むための具体的な訓練、育成、導き方について、より実践的かつクリエイティブに考え始める必要があるのです。そして、このことは、私の最後の点につながります。

## Ⅲ　独身性の方向性

### 霊的友情と親密さ

教会は、ゲイやレズビアンで独身を選ぶ人々のセクシュアリティに対して、注意深く牧会する必要があるでしょう。そしてそれと密接に関連しているのは、私たちの教会が、ゲイやレズビアンの信者が愛のコミットメントのつながりの中で、居場所（belonging）を見つけることができるように勧める必要性です。[27] 米国最高裁判所が同性婚を承認したことを受けて、この結果は決して必然的なものではなかったという事実を振り返る価値があります。オドノヴァンが同胞のクリスチャンたちに注意を促したように、「（ゲイやレズビアンの）経験から語る当事者全員が、結婚が彼らの関係を築くための正しい方法だと信じているわけではない。結婚をゲイの経験の「ブルジョア化」とみなす当事者もいるのである」。[28] 結婚こそが、同性間のパートナーシップを祝福するための正しい方法であると、多くのアメリカ人が考えるようになったのは、他の形の居場所や家庭関係が排除されていることを物語っています。別の言い方をすれば、もし西洋文化において同性間の友情が認められ、安定し、達成可能なものであったなら、結婚のみがゲイやレズビアンの人々の幸せを促進するために必要不可欠な関係であるとみなされることはなかったでしょう。[29]

同性婚運動が盛り上がったのは、ゲイやレズビアンの人々の生活や愛情表現に対する公な名誉の回復と保護への願いと同時に、家庭への憧れがあったからです。多数の文化批評家が指摘するように、結婚における「家庭」という理想の位置づけは、様々な共同体において、友情がますます周縁的な位置を占めるようになっていることと関連しています。[30] 神学者のクリストファー・ロバーツが言うように、「私たちは、性的なパートナーシップという居場所なしにこの文化に存在することを想像することが困難である。なぜなら性的関係を伴わないかたちで共に居場所を見つける能力が非常に限られているからである」[31]。

私たちの教会が、ゲイやレズビアンの信者に独身であることを奨励するのなら、真の親密さやコミットメントは、独身を捨てて結婚を受け入れるときのみ得られるという神話を切り崩すことに取り組む覚悟が必要です。

このような事態を招いたのは、ある意味でクリスチャンにも責任があります。例えば、キリスト教における友情に関する考察の歴史は、友情を人間関係の中で最もコミットメントの少ないものとしてみなしてきました。肯定的なことばで言えば、友情は、人々が楽しむことのできる最も自由で、最も好みに左右され、感情に依存した関係として表現されてきました。例えば、ディートリッヒ・ボンヘッファーは、友人間の愛を高く評価し、賞賛するために、それを「遊び」の領域に位置づけました。一九四四年一月に記した獄中書簡の中で、彼はエーベルハルト・ベートゲに、友情とは「結婚や家族関係とは異なり……公的に認められた権利を享受するものではなく、完全にそれ自身の性質によるものである」と記しています。[32] このように友情の自由な側面をたたえることは、より献身的で、尊厳を伴う安定した関係を切望する人々に対して、結果的にそのような関係は結婚関係以外では不可能だと思わせてしまう可能性につながります。後期近代における私たちの孤立化、そして核家族への固執を考えたときに、友情の非拘束性を強調することは、独身のゲイやレズビアンの信者の孤立化を強め、彼らが教会やキリスト教共同体に加わることを困難にしてしまう可能性があるのです。

しかし、このようなキリスト教の友情に関する考察に反して、友情の愛を、独自の継続性と義務を持つ家族関係の一形態と見なす別の解釈が存在します。キリスト教の歴史の中で、東西を問わず、友情は厳粛なものであり、公に認められることによって祝福され、相互の約束の絆によって強化されてきました。例えば、二十世紀の哲学者・神学者であるパヴェル・フロレンスキーは、神学書簡『真理の柱と地（*The Pillar and Ground of the Truth*）』の中で、友情を霊的な兄弟愛として捉えることを提案しています。フロレンスキーは、友情の自発的な愛と、兄弟間の愛の非自発的モデルを組み合わせ、キリスト教の友情は永久の絆として最もよく理解されると主張しました。彼は、「友人を切り捨て、一人でいること、あるいは新しい友情関係の模索を促す多くの誘惑がある」と記します。「しかし、一つの友情を断ち切った人は、次の友情も断ち切り、さらに第三の友情をも断ち切ることになるだろう。なぜならその人は献身の道（代価の伴う自己犠牲的な愛）を、居心地の良さへの追求に置き換えてしまったからである。」しかし、フロレンスキーは、何があろうと、ある特定の友人のそばに居続けることを誓うことで、キリスト教の愛の本当の意味をより深く学ぶことができると考えました。「最大の愛は、友人との関係においてのみ実現可能であり、すべての人との『一般的』な関係を通してではない」と彼は結論づけます。[33]

フロレンスキーは別の書物の中で、このような友人間の特別な愛を、分子の結合に例えました。[34]生物が化学的な結合に依存しているように、教会もまた個人に還元されるのではなく、むしろ友人関係の組み合わせによって表現されます。信者は、周りの人々と隔離された、神を愛する孤立した単位として存在するように召されているのではありません。そうではなく、神の愛は、ヨハネが強調しているように、特に友に対する私たちの愛に現れるのです（ヨハネ15・13参照[35]）。

フロレンスキーの著作は、キリスト教の伝統における献身的な友情のもう一つの模範である、十二世紀の僧侶エセルレッドと比較することができます。彼は一一四七年から一一六七年にかけてイングランド北部のリヴォー大修道院で院長を務めました。エセルレッド自身、修道生活に入る前は、男性との性的な関係を持っていた可能性が高いと言われています。[36]エセルレッドは、若い頃の交際や童貞喪失についてベールに包まれたことばで記しています。しかし、有名な対話集『霊的友情（*Spiritual Friendship*）』を執筆する頃には、彼は教会の教えに自ら従い、性的関係を断ち切りました。友人という存在を、「魂と魂が混ざり合うほど、自分自身を結合させ、一体化させる相手」であり、「聖霊の甘美な流れに包まれながら、一体感のキスで」抱擁できる相手であるとさえ表現した人物は、同性との性行為を断ち切ったようです。[37] エセルレッドが「霊的友情」と呼んだ同性間の親密さは、エロティックな情熱の性的表現を消し去るのではなく、(のちの心理学的用語を借りるなら)むしろそれを昇華あるいは変換するものでした。

エセルレッドは、「肉的」あるいは「世俗的」な友情と、キリストに似た高尚な友情を区別し、二人以上の修道士が親族関係や配偶者間の約束のような神聖で純粋な親密さを達成することができると主張しました。彼はキケロを彷彿させることばで、「友情とは、善意と慈愛に満ちた、人間的および神的な事柄における一致である」と記します。[38] また、エセルレッドはキケロよりもさらに進んで、友情の根拠をキリスト論的に示します。イエスの十字架刑を具体的に連想しつつ、この友情の愛の形について記します。「罵られても、傷つけられても、炎に投げ込まれても、十字架に釘付けにされても、友は常に愛するのだ。[39]」修道士たちがこれほど深い友情の絆を築くことができたのは、キリスト自身の生と死によって、その道が開かれたからでした。

エセルレッドのビジョンの中で、長年にわたって(二十世紀の修道院で彼の著書が検閲されたほど)特に物議を醸してきた特徴の一つは、修道士は仲間の修道士全員を無差別に愛するよう求められているわけではない(それが共通認識だったにもかかわらず)という主張です。エセルレッドはまた、特定の兄弟との間で、相互の信頼と愛情が特に緊密な絆で結ばれる余地も認めていました。

神の権威は、友情の抱擁よりも慈愛の掌握に多数の者が受け入れられるよう命じる。慈愛の法則に従って、私たちは友だけでなく敵をも愛の懐に迎え入れるよう命じられているのだ。しかし、私たちが友と呼ぶのは、自分の心とその中身をすべて託すことに何の疑問も抱かない人だけであり、これらの友も、同様に忠誠と信頼という不可侵的法則によって私たちと結ばれているのである。[40]

エセルレッドは、修道士が他の修道士と秘密を交換し、相互の信頼を深めるような、他にはない親密な関係の可能性を探り、擁護しました。確かにエセルレッドは、霊的友情の輪が徐々に広がり、信頼できる兄弟の輪が、より広いコミュニティを含むようになることも想定していました。しかし、同時に彼は、その構想は、献身的な二人組、もしくは三人組の兄弟間の小さな交わりから始まらなければ実現しないとも主張したのです。[41]

コークリーのことばを再び借りれば、福音派が同性間の性行為の禁欲を奨励しながらも、独身者の愛の方向性や終着点について「深い」考察をしないのは、矛盾であり間違いです。私はさらに進んでそれが希望と愛の実践の失敗、道徳的想像力の失敗と呼ぶべきだとさえ感じています。

ある同性に惹かれるクリスチャンはこう述べました。「クリスチャンが本を売り、説教をして、結婚していない人々に対して『独身』を祝福として受け入れるように勧めるとき、私たちは性革命の破壊的影響をむしろ促進しているのです。なぜなら、この世的な文化で想定されている『独身』とは、神の意志ではまったくないからです。それは、深く分断された社会を象徴するものです。アメリカにおいて独り身であるということは、親しい関係性の欠如を示すのです。[42]」独身を貫こうとする私たちに必要なのは、独身性が孤立や孤独、もしくは自己満足の機会となることではありません。むしろ既婚の友人たちとともに、自己犠牲と約束を守るという美徳を学ぶための実践となるような霊的友情を積極的に探求することへの励ましなのです。

このようなビジョンを受け入れるには、福音派が、同性に惹かれるクリスチャンの存在を、特定の召しを発見する機会として認識することが必要です。私が「手段」ではなく「機会」と述べるのは、罪を引き起こす可能性のある性的指向がそれ自体で聖い行いに結びつくことはないという反論を避けるためです。私の目的は、同性間の性的欲求自体に美徳の種が宿っているとか、そのような欲求が社会的・文化的な表現以外で、より大きな洞察や能力を持っていると主張することではありません。むしろ、私たちがそれ自体を善と名付けることを拒否する他の多くの堕落の結果による状態と同様に、同性に惹かれる性的指向は、たとえ救いが導く善さに含まれないとしても、愛の習慣や実践が生まれる場所となりうるのです。[43] 私自身の個人的な証しのレベルにおいては、同性に惹かれる経験（およびその欲求と格闘する中で生まれた希望や恐れ）が、私にこれほど多くの本を読ませ、個人の友情を維持し強化する方法についてこれほど慎重に考えさせるきっかけになったのです。もし私が同性に惹かれるという経験をせずに育っていたとしたら、友情の愛にこれほど多くの時間を割き、注意を払うことはなかったでしょう。おそらく私は結婚することを求め、友情の愛というものに感謝しつつも、それをそこまで祝福し、探求することはなかったでしょう。

C・S・ルイスはその手紙の中で、クリスチャンが同性に惹かれる性的指向の心理的原因に固執し、その起源を特定しようとするよりも、同性に惹かれる当事者が、その人が所属する教会にどのような益をもたらすことができるかということにもっと注意を向けるべきだと提案します。

性的指向の原因に関する私たちの推測は重要ではない。私たちは無知であることに満足しなければならないのである。弟子たちは、なぜ（原因要因〈efficient cause〉という意味で）盲目の人が生まれつき目が見えないのか（ヨハネ9・1〜3）については知らされていない。知らされているのは最終要因（final cause）、つまり神のわざが彼のうちに現されるためという目的なのだ。このことは、同性愛においても他のあらゆる苦難と同様に、それらのわざが明らかにされうることを示唆している。例えば、あらゆる障害〔訳注＝ルイスの時代は同性愛は障害として理解されていたため」とされるものは、私たちがそれを見出しさえすれば、「弱さを神の栄光を表す益へと転じるような」召しを隠しているのである。[44]

ルイスはこの手紙の後半で、「ある敬虔な（同性愛者の）男性は、自分の弱ささえも、神によって霊的な利益に変えていただくことができることを信じていた。特定の人々に対する同情や理解を示すこと、また彼だけが果たせる社会的な役割があるということを信じていたのだ」と述べています。[45] その問い（すなわち、独身であるゲイやレズビアンの信者が教会でどのような役割を果たすことができるのかという問い）を問うことは、同性に惹かれる性的指向が持つ特別な誘惑、弱さ、堕落の結果が、むしろ愛への召しを発見するための場所や機会や状況として理解されるようになるためにはどうすれば良いのか、と問うことなのです。

使徒パウロは、コリント人への手紙第二12章7～10節にある「肉体のとげ」についての神学的考察で、この種の発見のもう一つのモデルを示します。パウロは、このとげがサタンから来たものであることを明言しています（「私を打つためのサタンの使い」Ⅱコリント12・7）。しかし、パウロの受動的表現は、神がこの悪の使いに介入され、その悪をむしろパウロの益とされ、彼を謙虚にし、キリストの力のみにより頼むことができるように変えられたことを表します。[46] このように、主イエス・キリストの恵みは、とげによってもたらされたパウロの弱さを通して完全なものとなるのです。とげはそれ自体が恵みではありません。しかし、そのとげがきっかけとなり、パウロは恵みと出会うのです。パウロは、主の恵みを、弱さを経験していないときだけでなく、むしろ弱さの中で知るのです。なぜ同様のことを今日のゲイやレズビアンクリスチャンにも当てはめることができないのでしょうか。たとえ同性に惹かれること自体を善とすることはできなくても、同性に惹かれる経験さえも（独身性を求めるゲイ・クリスチャンが、自らの人生の中でキリストの力を完全に発見するために）神が定められた方法である可能性があることを考慮するべきでしょう。

## Ⅳ 結 論

ゲイやレズビアンのクリスチャンが、長期にわたって、貞節、希望、そして他者への献身的な奉仕という恵みに満ちた生活を送るためには、何が必要なのでしょうか。多くの同性に惹かれるクリスチャンが、生涯独身者として生きていくことになるのであれば、そのような生活が何十年にもわたって実践できるように、そして単に実践可能であるだけでなく、教会生活への深い関わりと他者への献身的奉仕によってもたらされる喜びに満ちたものとなるように、どのような支援とケアを必要としているのでしょうか。

独身を貫くという選択は、完全な「癒やし」(同性愛傾向の転向)と、自らの欲求のまま歩むというクリスチャンにふさわしくない生活との間の、中途半端な選択肢と見なしてはならないのです。むしろ、独身性という選択は、聖書的、伝統的、また福音的根拠のある、尊敬に値する召しとして敬意が払われるべきです。[47] 同時に、独身性を選択することによって生じる訓練は、細心の注意と配慮をもって探求される必要があります。心理的・道徳的・霊的指導を受けないまま、ただ独身でいるようにと伝えることがあってはなりません。最良の心理学的知識、また禁欲的・霊的伝統を持つ豊かなキリスト教の歴史を反映させたサポートが与えられるべきでしょう。そして最後に、私たちは自らの存在を、「罪洗われ、待ち望む」者として捉えることができるようになるための励ましを必要としています。同性に惹かれ、独身性を求める私たちの存在を、単にみじめで困窮した生活としてではなく、むしろ共同体、友情、もてなしへと向かう生活、つまり愛へと向かう生活として捉えるためにです。

神よ。洗礼の水で洗われ、死者の復活を待ち望んでいる私たちゲイやレズビアンの信者が、今から三十年、四十年、五十年後、罪洗われ、なお待ち続ける存在として、永遠のいのちの希望のゆえに、この地上の歩みを誠実に歩み続けることができますように。

## 訳者あとがき

# 破れ口に立つヒルの決意

「レッテルは人々を箱に押し込む。その箱は棺の形をしているのだ。」

（シャーレーン・マックレイ）

人はレッテルを貼ることで「他者」を定義し、我々と彼/彼女らの線引きをします。しかしその箱の中に他者を押し込み、蓋をした瞬間、理解のプロセスは終了し、知る試みは放棄されてしまいます。昨今のＬＧＢＴＱ＋を巡る教会の状況は、残念ながらそのようなレッテル貼りに終始してしまっていることが多いのではないでしょうか。

日本の福音派を巡るＬＧＢＴＱ＋にまつわる昨今の状況は、『ＬＧＢＴと聖書の福音』（アンドリュー・マーリン著、二〇二〇年、いのちのことば社）が出版されたときと比べると大きく揺れ動きました。「性の聖書的理解ネットワーク」（NBUS）がナッシュビル宣言を邦訳し、それに対して「NBUSを憂慮するキリスト者連絡会」が発足、また対話のための第三局として「ドリームパーティー」が始動しました。[1]

そのような神学的対立が顕在化する状況の中で、最も苦しんでいるのは当事者の方々です。私のもとに届いたある当事者の方のメールには「自分は保守的な聖書理解だから左には馴染めない。でも右にも理解されない。どこにも居場所がなく感じる」と書かれていました。本書のまえがきを記してくれた藤橋仰さんのように、保守的な教会で育ち、伝統的な聖書理解に立つ当事者の方々は多数存在しています。しかしそのような方々は、既存の枠組みに当てはまらないため、多くの場合どこに行っても馴染めず、拒絶や孤立を経験しています。

既存の枠組みに当てはまらないという意味において、本書の著者であるウェスレー・ヒルは稀有な人物です。彼の出身教会は保守的な南部バプテスト教会、学生時代は福音派を代表するジョン・パイパーの教会で奉仕、神学的にも伝統的な性・結婚理解に立っていることから彼を「保守派」と分類する人も多いでしょう。しかし彼は現在聖公会、それも同性婚を容認する立場である Episcopal Church の司祭であり、福音派ではなく、いわゆる主流派（Reformed Church of America）のウェスタン神学校（Western Theological Seminary）で新約聖書を教えています。また彼はゲイであるこ教団や、神学校を見て「リベラル」のレッテルを貼る人もいるでしょう。また彼はゲイであることを公言している、いわゆる「当事者」でもあり、同時に性的関係を求めない「独身の誓い」を実践している教職者でもあります。同性愛のテーマに関して、これほどレッテルがきれいに当てはまらない人物も珍しいのではないでしょうか。彼の働きは、神学的論争のさなかで苦しむアメリカの多くの当事者クリスチャンにとって励ましになっています。

## サイドBという立場に関して

約十年前、本書を一つのきっかけとして、アメリカでは「サイドB」という運動が発足しました。当時のアメリカではLGBTQ全般（同性愛・同性婚など含め）を認める（affirm）立場の「サイドA（affirming の略）」と、同性に惹かれる性的指向を罪とし、セラピーや祈りによって性的指向の転向を目指す「サイドX」の二つの立場に分裂していました。[2] その中で、当事者から始まった運動として、Aに対するB、つまり異なる立場に立つ当事者の視点を打ち出したのがサイドBでした。サイドBは本書でヒルが提示しているように、保守的な聖書・結婚理解に立っています。同時に、同性に惹かれる性的指向や自己認識そのものを罪とは捉えず、ゲイ・レズビアンの当事者として、既存の教会に対して当事者への理解と不当な差別の撤廃を訴える運動を展開しています。カトリックのレズビアン信者であるイブ・タシュネットなどを筆頭として、サイドBムーブメントは福音派の垣根を越えて、カトリックやギリシャ正教会をも含んだ幅広い運動です。[3]

具体的な働きとして、ヒルを中心として始まったSpiritual Friendship（霊的友情）ブログ（https://spiritualfriendship.org）、Life on Side Bポッドキャスト（https://www.lifeonsideb.com）、オンライン・コミュニティなど、様々なプラットフォームを駆使して活動を展開しています。最も有名な活動としては、毎年開催されているリヴォイス（Revoice）カンファレンスが挙げられます（https://www.revoice.org）。リヴォイス・カンファレンスでは、ウェスレー・ヒル、心理学者マーク・ヤーハウス、イブ・タシュネット、プレストン・スプリンクルなどによる主題講演に始まり、当事者による当事者のための様々なワークショップが開催されています。ワークショップの中には神学的な内容のものから宣教論的なもの、ときには実験的な内容のもの（例えば、教会がクイア文化から学ぶ必要性を語ったグラント・ハートレイの「クイア文化、文脈化、と宣教学」のワークショップ[4]）もあり、保守派・進歩派双方から注目と批判を浴びてきました。

## ナッシュビル宣言に署名しない理由

サイドBはナッシュビル宣言に同意しないことで知られています。そもそもナッシュビル宣言が書かれた背景自体にサイドBの存在があり、ナッシュビル宣言はサイドBを福音派の立場から排除するものだったと考えられています。伝統的・保守的な結婚観や性倫理に立つサイドBの人々が、なぜナッシュビル宣言には同意しないのでしょうか。ウェスレー・ヒル本人はナッシュビル宣言に対する直接的な反論を執筆していません。しかし、リヴォイスのスピーカーの一人マシュー・アンダーソンは「なぜ私はナッシュビル宣言に同意しないか」という記事を執筆しています。[5] 私はヒルとの個人的なやり取りの中で、ヒルの見解はアンダーソンとほぼ同様であるということが確認できたため、簡潔に紹介させていただきます。

アンダーソンが伝統的な結婚観・性倫理に立ちつつもナッシュビル宣言に同意しない理由の一つは、ナッシュビル宣言の7条に関するものです。7条の反対文では、「私たちは、同性愛者やトランスジェンダーの自己認識を持つことが、創造と贖いに対して神が持っておられる聖なる目的に沿ったものだという考えを否定する」と記されています。[6] つまり少なくとも第7条に関しては、当事者が自らを「ゲイ」または「トランス」として認識することは罪として理解されています。それは性・ジェンダーのアイデンティティの概念そのものが近代の発明であり、聖書的ではないとする考えを土台としています。例えば南部バプテスト神学校校長のアルバート・モーラーは、リヴォイスが「ＬＧＢＴクリスチャン」または「ゲイ・クリスチャン」という呼称を用いることに関して、それは近代のアイデンティティ論に基づいたもので聖書的ではないと断罪しています。[7] そのため、ナッシュビル宣言に同意する当事者グループ（サム・アルベリーなどのサイド

Yの立場）は、世の中で用いられているゲイ・アイデンティティと混乱を防ぐために「ゲイ」ということばを用いずに、自らをＳＳＡ（Same Sex Attracted）、つまり「同性に惹かれるクリスチャン」と呼びます。[8] しかしサイドＢの人々は自ら進んで「ゲイ」や「トランス」、または「ＬＧＢＴＱクリスチャン」などのアイデンティティに関連する呼称を用います。世間一般で用いられている呼称をあえて使うのは、当事者の人々に寄り添い、不必要な境界線（クリスチャンとそうでない人）を作らないという意図によるものだということです。リヴォイスのホームページには、呼称を巡る議論に関して以下のように記されています。「個人が自らの性的指向や経験を表すために『ゲイ』あるいは『同性に惹かれる（ＳＳＡ）クリスチャン』という表現を用いることは、個人の自由と知恵の領域であり、それ以外の点において伝統的な結婚観や性倫理を共有しているクリスチャンを分裂させるべき問題ではありません。[9]」

また、もう一つの理由は、ナッシュビル宣言自体の構造にあります。ナッシュビル宣言は、「この時代の世俗的精神は、キリスト教会に大きな課題を突きつけている」とする序文から始まり、この時代の世俗的精神に対するキリスト教の立場を打ち出すものとして提示されています。何に同意し、何を拒絶するかというわかりやすい二項対立軸を作り、宣言に署名する者とそうでない者、という構造を必然的に生み出します。アンダーソンはナッシュビル宣言が述べる「時代の世俗的精神」に関して、それをリアルな教会の課題として認めつつ、世俗的精神があたかも教会の外部にのみ存在しているかのような記述に疑問を呈します。

「例えば第1条は、結婚の本質と神学的意義を広く肯定しているものの、否定されているのは同性婚と一夫多妻婚だけです。（中略）この声明が描く境界設定の狭さは、福音派の関心を外側に向け、その外縁とその外側にいる人々に向けるものになりかねません。」アンダーソンは離婚・再婚、避妊、代理出産などの例を挙げ、「時代の世俗的精神」が福音派の中にすでに広く浸透していることを指摘します。そしてその点を認めず、あたかも「時代の世俗的精神」が外部にのみ存在しているかのような論調を批判します。

他にも第2条では、肯定文は「婚外では純潔を守り、婚内では貞操を守ること」が述べられ、否定文では結婚外における性的関係のみが否定されています。アンダーソンは、婚外の性的関係だけではなく、結婚内の性的関係においても罪を犯す可能性（例＝DVなど）に関しての言及がまったくなされていないことを危惧します。ナッシュビル宣言が福音派の性倫理の規範文章として提示されている以上、その否定文が特定の罪、もしくは特定のコミュニティのみに向けられている構造をアンダーソンは問題視するのです。そして、「特定の性倫理が信仰に不可欠であると主張する声明文は、糾弾されている時代の世俗精神と呼ばれるものに私たち自身が加担し、巻き込まれていることを認めなければならない」と結論づけています。

## 保守派としての対話の姿勢

ヒルが所属する米国聖公会（Episcopal Church in the United States of America）は、二〇〇九年頃を機に、より保守的なＡＣＮＡ（Anglican Church of North America）との分裂が始まります。米国聖公会の中でも福音派の神学校として知られるTrinity School for Ministryで当時教えていたウェスレー・ヒルは葛藤を経験します。本人は保守であり、ＡＣＮＡが掲げる性倫理に近い立場でした。しかし、「性倫理をめぐる課題で教会が分裂するということはどうしても支持できなかった」と、ヒルは後に米国聖公会の機関紙のインタビューで語っています。[10] ヒルは保守的な立場でありつつも、米国聖公会に留まる決断をします。「私は今でも保守的な結婚観・性倫理に立っています。しかし同時に私の教会論として、同じ洗礼にあずかり、同じ宣教の務めを持っている人々と、たとえ同意できない部分があったとしても、共にいる必要性を感じたのです。」また、「私は自分の意見に反対する人々の意見に耳を傾け、対話を続けることに幸福な義務を感じています。そして、進歩的な友人たちが私に対しても同じように思ってくれることを心から願っているのです」とも述べています。

異なる立場と対話することに関して質問された際に、ヒルは、「同性愛を認める友人たちは聖書を無視し、文化に流されている」と考えるのではなく、「彼らは福音のある部分によって動かされている。それは教会から阻害された人々への共感からくるものであり、それはＬＧＢＴＱの人々が教会生活に完全に受け入れられ、恥の中を生きる必要がなくなるように願ってのことだ」とポジティブに捉えるようにしている、と述べます。そうすることによって、ヒル自身の保守的な立場も脅威として見なされにくくなり、対話が生まれるというのです。ヒルは、そのような対話の姿勢によって保守的な立場への理解が広がることを願います。「私は聖公会の、より進歩的な友人が、このように言ってくれることを望んでいます。『ウェス、君の立場は自己嫌悪からくるものなんかじゃない。これは差別的なものなんかでもない。それは教会が歴史的に教えてきた事柄に対して君が誠実であろうとする態度なんだ。たとえ私たちがその伝統的立場が間違っている、あるいは変わる必要があると思っていたとしても。』」

本書を読んでいただければ分かるように、ヒルの目的は異なる立場を糾弾することでも、自身の立場だけを絶対的に正しいものと主張することでもありません。そうではなく、なぜ彼が保守的な結婚・性理解に立っているのかを自身の経験、聖書学、神学を通して証しする「心の旅路」の記録です。また、ヘンリ・ナウエンを筆頭とした、同じ葛藤を経験した信仰の先人たちと時代を超えて対話をするヒルの姿勢からは、豊かな霊性の深みを感じることができます。また、多くの本が「同性愛は罪か」という問いの答えを出すことを目的としているのに対して、本書はその問いに最初の1章しか費やしません。むしろヒルにとって重要なのは、当事者の孤独の課題（2章）、そして恥の課題（3章）への応答です。本書最後の論文でも記されているように、神学的立場を明らかにすることで終わるのではなく、そこから一歩進んでどのように教会が当事者と共に歩むことができるかが問われています。

また、巻末には米国福音主義神学会で発表された論文「罪洗われ、今なお待ち望む」の修正版が掲載されています。出版原稿には項目見出しは存在しませんが、読みやすさのため、もともとの論文の項目見出しを残しています。福音派教会に対するヒルの鋭くも愛のある提言が、日本の教会にも届くことを願っています。

## 訳語について

最後に、本書を英語から日本語に翻訳する上で困難だったいくつかの用語に関して、触れておきたいと思います。一つ目は頻繁に登場するcelibacyということばです。本書では基本的に「独身性」ということばで翻訳しています。本書の中でも登場するように、これは独り身であるという状態としての独身（singleness）ではありません。意図的な選択として、自発的に結婚を求めず、貞操を守る生き方を指します。カトリックの文献においては同じことばの邦訳として「独身制」ということばが使われますが、ヒルが本書で述べるcelibacyは制度としての独身制ではなく、ゲイ・クリスチャンが自らの選択として貞操を守り、独身者として神に仕えていく生き方を指します。その聖書的根拠や歴史的実践に関しては本書に記されています。

また、罪に関連する用語も邦訳する上で注意が必要でした。一言で罪と言っても、行いとしての罪、神の前での身分、または罪を犯してしまう心の傾き、または「非常に良い」とされた創造の時点では存在しなかった堕落後の状態、など様々な異なる要素を含みます。ヒルが同性に惹かれる性的指向を表現するときに fallen（堕落後）または sinful（罪の影響を受けた）ということばを使いますが、同性に惹かれる性的指向を持っていること自体で罪を犯している、という意味ではなく、その性的指向が堕落後の人間の状態のうちの一つであるということを意味します。

また、ゲイ・クリスチャンの幸せを論じる箇所でたびたび flourishing や wholeness が登場します。flourishing は直訳としては花開く状態、生き生きと歩む様を表します。whole または wholeness の直訳は完全ですが、完璧という意味ではなく、むしろホーリスティックな、全人的な回復を指すことばとして用いられています。性的指向が「癒やされる」という意味ではありません。その他、訳語によって誤解を招いてしまう部分もあるかもしれませんが、もし疑問に思われる部分がありましたら原書をご確認いただければ幸いです。

なお、本書はＬＧＢＴＱ全般について記されたものではなく、あくまで同性愛について一人のゲイ・クリスチャンの当事者の視点から記された本であることもご理解いただきたく願います。ジェンダー・アイデンティティ、バイセクシャル、トランスジェンダー、またアセクシャルについての言及はほとんどありませんのでご了承ください。

最後に、本書の翻訳を一部手伝ってくれた友人の大野祐弥君、郷崇治君に感謝したいと思います。

二〇二四年一月

岡谷和作

## 《あとがきの注》

1　性の聖書的理解ネットワーク（ＮＢＵＳ）　https://www.nbusjapan.com
ＮＢＵＳを憂慮するキリスト者連絡会　https://against-nbus.org
ドリームパーティー　https://dreamparty.church

2　アメリカにおける当事者運動の歴史的変遷について詳しく記されたものとしては、Greg Johnson の *Still Time to Care*（Zondervan, 2021）を勧めます

3　サイドＢ関連の書籍は以下のリスト参照（アルベリーやジャッキー・ヒル・ペリーなどのサイドＢ以外の立場の書籍も含まれています）。https://www.lifeonsideb.com/books

4　ハートレイに対する批判、およびサイドＢが「失敗」に終わったとする記事 https://www.firstthings.com/web-exclusives/2023/03/how-the-side-b-project-failed　また、それに対するハートレイの反論記事　https://thegranthartley.substack.com/p/has-the-side-b-project-failed

5　マシュー・アンダーソン、「なぜ私はナッシュビル宣言に同意しないか」https://mereorthodoxy.com/nashville-statement　以下の引用文はすべて該当記事より

6　ナッシュビル宣言の邦訳はＮＢＵＳのものを引用

7　アルバート・モーラー「二つの文化の板挟み？　リヴォイス、ＬＧＢＴアイデンティティと聖書的キリスト教」https://albertmohler.com/2018/08/02/torn-two-cultures-revoice-lgbt-identity-biblical-christianity

8　例えば、アルベリーはDesiring Godのインタビューの中で「私が（ＳＳＡという呼称を用いるのは）特定の性的誘惑が私を定義づけるものとして見られたくないからです。それは私が自分自身を理解する視点ではないからです」と述べています。https://www.desiringgod.org/interviews/the christian-debate-over-sexual-identity

9　https://www.revoice.org/sexual-ethics-christian-obedience

10　https://www.episcopalnewsservice.org/2022/05/12/qa-episcopal-priest-wesley-hill-shares-what-its-like-as-a-celibate-gay-christian-in-a-fully-lgbtq-affirming-church/　以降のヒルの発言はすべてインタビューからの引用

37. Aelred of Rievaulx, *De speculo caritatis*, 以下からの引用。Boswell, *Christianity, Social Tolerance, and Homosexuality*, 225.

38. Aelred of Rievaulx, *Spiritual Friendship*, trans. L. C. Braceland (Collegeville, MN: Liturgical, 2010), 57.

39. 同上 59.

40. 同上 61.

41. 上記の多くは、Wesley Hill, *Spiritual Friendship: Finding Love in the Church as a Celibate Gay Christian* (Grand Rapids: Brazos, 2015).

42. Karen Keen, 個人的なやり取り、2013 年 8 月 25 日。

43. この点においてさらなる神学的考察が必要であろう。もし同性愛に惹かれる性的指向が根本的に間違った方向に向いているとしたら、本来の正しい方向に向かう愛とはどのようなものなのか。同性愛傾向を中立的なもの、または良いものとして捉えることを拒絶すること自体は間違っていないだろう。しかし、同性愛傾向が正しく方向づけられていない「良きもの（good)」とは何なのかを考えるとき、むしろゲイやレズビアンの人々の方がその本質を回復し推進することができると言えるであろう。〔訳注：アウグスティヌス的な愛の定義によれば、愛は「善きもの〈goods〉」を正しい方向に秩序づける〈rightly order〉ことに関わっている。ここでヒルは、福音派が同性愛傾向の誤りを指摘するだけでは不十分であること、そして善きものとしての愛の本質を問うことができるのはむしろ異性愛者よりもゲイやレズビアンであることを指摘している〕。

44. Sheldon Vanauken, *A Severe Mercy* (New York: Harper & Row, 1987), 147 より引用。

45. 同上。

46. Frank J. Matera, *II Corinthians: A Commentary* (New Testament Library; Louisville: Westminster/John Knox, 2003), 282 参照。

47. さらに以下参照。 Colón and Field, *Singled Out.*

す。しかしそれは結婚制度に限定された一種の社会ステーテスです…これらの社会的ステータスこそが、その他のパートナーシップ制度よりも同性婚を推進させる大きな原動力となっています。(パートナーシップ制度の代わりに同性婚が望まれるもう一つの理由は、残念ながら私たち現代人が友情や名付け親〈godparent〉のような結婚以外の家族関係〈kinship〉にまつわる社会的・法的な名誉を廃棄してしまったことに起因します…現代人は家族関係を婚姻関係か親子関係としてしか理解することができません。そのためにゲイカップルに関しても結婚しているか、まったく家族でないかという二択でしか関係性を理解することができないのです…)」。“Keep the Aspidistra Flying”; online: http://evetushnet.blogspot.com/2010_09_01_archive.html#6065529697478253307.

31. Christopher Roberts, *Creation and Covenant: The Significance of Sexual Difference in the Moral Theology of Marriage* (New York: T&T Clark, 2008), 227.
32. 文脈を理解するためには、Dietrich Bonhoeffer, *Letters and Papers from Prison* (Dietrich Bonhoeffer Works 8; Minneapolis: Fortress, 2010), 224, 247–48, 267 を参照せよ。
33. Pavel Florensky, *The Pillar and Ground of the Truth: An Essay in Orthodox Theodicy in Twelve Letters,* trans. Boris Jakim (Princeton: Princeton University Press, 1997), 318.
34. 同上 326.
35. 同上 301–2.
36. エセルレッドが「ゲイ」であったということに関しては以下参照。 John Boswell, *Christianity, Social Tolerance, and Homosexuality: Gay People in Western Europe from the Beginning of the Christian Era to the Fourteenth Century* (Chicago: University of Chicago Press, 1980), 222–23. ボズウェルの記述はエセルレッド自身の記述を超えて展開していると批判する以下の論考と比較検討することを勧める。 Brian Patrick McGuire, *Friendship and Community: The Monastic Experience, 350–1250* (Ithaca, NY: Cornell University Press, 2010), 302–4, どちらにせよ、マクガイヤもエセルレッドが同性愛傾向を経験していたという点おいては同意している。「エセルレッドが他の男性に対する性的な欲求と葛藤していたと記している限りにおいて、ボズウェウルの解釈は15世紀初頭における状況の一部を反映していると言えるだろう」(p. 303)。

プが完全に独身性に達したと捉える）2%に加わるために進歩し続けないといけないという道徳的重荷を軽減することによって別の視点を与えます。あなたは独身者として体、場所、他者が与えられています。そしてそれらの与えられた物事の中から、あなたの人生を通して、自分のためにではなく信仰を通してキリストのうちに、そして愛を通して隣人のために生きるようにと召されているのです」。

24. 私はオーデンの以下のことばを思い起こす。「銅像が、頌歌があるべきである。最初にそれを受け取った名もなきヒーローたちのために。火打ち石の最初の閃光、自らの夕食を忘れた者、貝殻を集めた最初の者、独身を貫くために」(W. H. Auden, *Collected Poems* [New York: Modern Library, 2007], 628)。

25. Sipe, *Celibacy in Crisis*, 307.

26. Louis J. Cameli, *Catholic Teaching on Homosexuality: New Paths to Understanding* (Notre Dame, IN: Ave Maria Press, 2012), 65.

27. Compare Paul Evdokimov, *The Sacrament of Love* (Crestwood, NY: St. Vladimir's Seminary Press, 1985), 102 を参照。「過去の偉大なキリスト教指導者達をみたとき、共に奉仕する中で表される魂の交わりや神秘的友情が独身制度によって阻まれることは一切なかった。」

28. O'Donovan, *Church in Crisis,* 111.

29. 皮肉なことに私のこの考え方はミシェル・フーコーから来ている。「同性愛が問題になったのは…18 世紀である。それが今問題として捉えられ、社会問題になっていることの理由は友情が消失したからだと考える。友情が大切なものとして捉えられ、社会的にも受け入れられていたとき…それはまったく問題視されなかった。友情が社会的に認められる関係性でなくなったとき、課題が生じたのである。『男同士の間で何が起こっているのか？』社会的関係性としての友情の喪失と社会的・政治的・医療的課題として同性愛が宣言されるようになることは同じプロセスなのである」(*Ethics: Subjectivity and Truth* [Essential Works of Foucault 1954–1984, vol. 1; New York: New Press, 1998], 171)。

30. 例：イブ・タシュネットのブログ記事より、「ゲイカップルが結婚を望むのは（パートナーシップ制度の拒否が示すように）社会保障のような具体的利益を受けることがおもな理由ではありません…ゲイカップルは家庭と名誉という社会的利益を受けたいので

12. 特に、Stanley Hauerwas, *A Community of Character: Toward a Constructive Christian Social Ethic* (Notre Dame, IN: University of Notre Dame, 1991), chapter 10; idem, *After Christendom* (Nashville: Abingdon, 1991), chapter 5 を参照。
13. Oliver O'Donovan, *Resurrection and Moral Order: An Outline for Evangelical Ethics*, 2nd ed. (Grand Rapids: Eerdmans, 1994), 70.
14. Ephraim Radner, *Hope among the Fragments: The Broken Church and Its Engagement of Scripture* (Grand Rapids: Brazos, 2004), 131.
15. Karl Barth, *Church Dogmatics* IV/3 (Edinburgh: T&T Clark, 1961), 43.
16. World Meeting of Families, *Love Is Our Mission: The Family Fully Alive* (Huntington, IN: Our Sunday Visitor, 2014), 65.
17. Karl Barth, *Church Dogmatics* III/4 (Edinburgh: T&T Clark, 1961), 217.
18. O'Donovan, *Resurrection and Moral Order,* 70–71.
19. Sarah Coakley, "Taming Desire: Celibacy, Sexuality and the Church," May 20, 2011 (italics removed), http://www.abc.net.au/religion/articles/2011/ 05/ 20/ 3222443 .htm (accessed April 21, 2016).　また、Sarah Coakley, *The New Asceticism: Sexuality, Gender and the Quest for God* (London: Bloomsbury Continuum, 2015) と比較せよ。
20. Oliver O'Donovan, *Church in Crisis: The Gay Controversy and the Anglican Communion* (Eugene, OR: Cascade, 2008), 117.
21. Coakley, "Taming Desire."
22. A. W. Richard Sipe, *Celibacy in Crisis: A Secret World Revisited* (New York: Brunner-Routledge, 2003), 301.
23. 福音派の神学者はサイプの有益な発見を、独身性が自らの功績として理解されるのではない神学的枠組みの中で捉えるべきである。ジョナサン・ラインバッハが個人的対話の中で私に伝えたように（2015 年 11 月 14 日)、「(神学的に）召しとは、神がわたしたちを置かれた場所（この社会、私たちの体、また関係性の中で）を認識するということです。私たちの召しとは私たちがそれを受け取り、捉え、生きるという意味において苦しみでもあります。この意味において独身性とはパソスとしての功績ではなく、徳というよりも神から受け取った生き方なのです。これは私たちの召しにおける独身者として生きる困難や痛み、また弟子訓練の必要性を度外視するものではありません。しかしそれは、（サイ

*Reflections* (North Charleston, SC: CreateSpace, 2013). For the language of "significant shifts," see Stanton L. Jones and Mark A. Yarhouse, Ex-*Gays? A Longitudinal Study of Religiously Mediated Change in Sexual Orientation* (Downers Grove, IL: InterVarsity, 2007).

4. Jeff Chu, *Does Jesus Really Love Me? A Gay Christian's Pilgrimage in Search of God in America* (New York: HarperCollins, 2013), 150.
5. Christine Colón and Bonnie Field, *Singled Out: Why Celibacy Must Be Reinvented in Today's Church* (Grand Rapids: Brazos, 2009); Barry Danylak, *Redeeming Singleness: How the Storyline of Scripture Affirms the Single Life* (Wheaton, IL: Crossway, 2010); cf. Barry Danylak, "Secular Singleness and Paul's Response in 1 Corinthians 7" (PhD diss., University of Cambridge, 2012); idem, *A Biblical Theology of Singleness* (Grove Series B45; Cambridge, UK: Grove, 2007).
6. Mark Driscoll, *Religion Saves: And Nine Other Misconceptions* (Wheaton, IL: Crossway, 2009), 186.
7. Bob Davies and Lori Rentzel, *Coming Out of Homosexuality: New Freedom for Men and Women* (Downers Grove, IL: InterVarsity, 1993), 179.
8. Alan Chambers, ed., *God's Grace and the Homosexual Next Door: Reaching the Heart of the Gay Men and Women in Your World* (Eugene, OR: Harvest House, 2006), 64. マイク・ゴエーケの章は、ローマ・カトリックの同性愛に関する文章の中で「真の変化は不可能である」ことを示唆する独身性に関するものに言及されている。これらの洞察に関してはロン・ベルガウの『独身性と癒やし（"Celibacy and Healing,"）』に準拠。http://spiritualfriendship.org/2013/08/09/celibacy-and-healing.
9. Dale C. Allison, *Jesus of Nazareth: Millenarian Prophet* (Minneapolis: Fortress, 1998), 197–210; Robert Song, *Covenant and Calling: Towards a Theology of Same-Sex Relationships* (London: SCM, 2014), 18. を参照。
10. Sarah Ruden, *Paul Among the People: The Apostle Reinterpreted and Reimagined in His Own Time* (New York: Pantheon, 2010), chapter 4. を参照。
11. Compare Joachim Gnilka, *Jesus of Nazareth: Message and History*, trans. Siegfried S. Schatzmann (Peabody, MA: Hendrickson, 1997 [German orig., 1993]), 173.

*Himself* (Grand Rapids: Eerdmans, 1975).

14. Thomas Hopko, *Christian Faith and Same-Sex Attraction: Eastern Orthodox Reflections* (Ben Lomond, CA: Conciliar, 2006), 48. ローマ 12:1 から引用。
15. J. R. R. Tolkien, *The Two Towers*, part 2, The Lord of the Rings (repr., New York: Ballantine, 1965), 362. Ralph C. Wood, "Frodo's Faith, Middle-earth Truths," *Christian Century* 120 (September 6, 2003): 20–25. も参照。
16. Martin Hallett, "Homosexuality: Handicap and Gift," in *Holiness and Sexuality: Homosexuality in a Biblical Context,* ed. David Peterson (Carlisle, UK: Paternoster, 2004), 121.
17. 同上 122; cf. 131.
18. 同上 123.
19. 同上 144.
20. 同上 140.
21. 同上 143.
22. 同上 122.
23. 同上 124.
24. 同上 139.
25. 同上 143.

補 遺

1. この後書きの初期段階において助言をくれたマイケル・アレン（リフォームド・セオロジカル神学校）、ジェームズ・アーネスト（アードマン出版）、ジョナサン・ラインバッハ（ケンブリッジ大学）、マシュー・ロフタス、ダニエル・トレイヤー（ホィートン大学）に感謝します。より詳細な論文は、Wesley Hill, "Washed and Still Waiting: An Evangelical Approach to Homosexuality," *Journal of the Evangelical Theological Society* (forthcoming, 2016).
2. William Stacy Johnson, *A Time to Embrace: Same-Sex Relationships in Religion, Law, and Politics*, 2nd ed. (Grand Rapids: Eerdmans, 2012), 46.
3. この点に関しては以下を参照。Melinda Selmys, *Sexual Authenticity: An Intimate Reflection on Homosexuality and Catholicism* (Huntington, IN: Our Sunday Visitor, 2009); idem, *Sexual Authenticity: More*

あった頃の生き方、つまりイエス・キリストへの信仰を暴力的に破壊しようとしていた時代のことを振り返っていると思われる。ダマスコの途上におけるキリストと出会った経験の後（使徒 9:1-19 参照)、自らの愚かさと過ちに気づいた彼はキリストの使徒として「屈強な良心 ( 原文 =robust conscience)」を持つようになる。その後、パウロはクリスチャンとして罪悪感にさいなまれたり、自分が腐敗していて常に神を悲しませているという感覚に陥ったりすることはなかった。彼はこう記す。「それどころか、私は自分で自分をさばくことさえしません。 私には、やましいことは少しもありませんが」（Ｉコリント 4:3-4)、このような箇所はいくつも挙げることができるだろう。この箇所についての良い詳細な解説は以下を参照。 Gordon Fee, *God's Empowering Presence: The Holy Spirit in the Letters of Paul* [Peabody, MA: Hendrickson, 1994], 420–71, 508–15, 816–22.) パウロがローマ 7 章で「しかし、私は肉的な者であり、売り渡されて罪の下にある者です」「私には、自分のしていることが分かりません。自分がしたいと願うことはせずに、むしろ自分が憎んでいることを行っているからです」「私は、したいと願う善を行わないで、したくない悪を行っています」（14, 15, 19 節）と記すとき彼はおそらく彼個人のクリスチャンとしての罪深い行いに関して記しているのではないだろう。そうではなく、パウロはおそらくイスラエル共同体全体の経験を物語っているのだと思う。つまり旧約聖書に記されている、アッシリア捕囚とバビロン捕囚へと繋がるイスラエルの偶像崇拝と反逆の経験、そして「律法の下」にいる者たちの今日の経験である。ローマ 6 章と 8 章において、彼は新しい聖霊の時代における彼と他のクリスチャンについての真逆とも見えるような見解を述べているからだ。「神に感謝します。あなたがたは、かつては罪の奴隷でしたが、伝えられた教えの規範に心から服従し、罪から解放されて、義の奴隷となりました」(6:17-18)、「肉に従わず御霊に従って歩む私たちのうちに、律法の要求が満たされるためなのです」(8:4)、「あなたがたは肉のうちにではなく、御霊のうちにいるのです」(8:9)。この解釈を支持する注解書としては特に以下を参照。 Douglas J. Moo, *Romans, The NIV Application Commentary* (Grand Rapids: Zondervan, 2000); Tom Wright, *Paul for Everyone: Romans Part One: Chapters 1–8* (Louisville: Westminster John Knox, 2004); and Anthony A. Hoekema, *The Christian Looks at*

関してはトッド・ウィルソンの説教シリーズ『神からの栄誉：キリストのさばきの座における栄光の約束 (Praise from God: The Promise of Glory at the Judgment Seat of Christ)』を参照。www.calvarymemorial.com/sermons/series/praise-from-god (2016 年 4 月 16 日アクセス)
6. C. S. Lewis, *The Weight of Glory and Other Addresses* (New York: Macmillan, 1949), 7–9.
7. 同上 10.
8. 同上 9, 順序に若干の変更あり。
9. 同上 9.
10. Jonathan Edwards, ed., *The Life and Diary of David Brainerd* (Grand Rapids: Baker, 1989), 372. この文章やそれ以外の同様の文章に導いてくれたトッド・ウィルソンに感謝します。
11. フィリップ・ヤンシーからの引用。Philip Yancey, *Soul Survivor: How My Faith Survived the Church* (New York: Doubleday, 2001), 130.
12. この例えに関しては、Miroslav Volf, *Free of Charge: Giving and Forgiving in a Culture Stripped of Grace* (Grand Rapids: Zondervan, 2005), 98, 参照。ヴォルフはここで私と同じ点を主張しているため、全文を引用する価値がある。「たとえすべての人が頭から足先まで罪人だったとしても、私たちのうちに何の良さも残っていない完全に堕落した罪人は存在しないのである。罪人として、私たちはそれでも神の良き被造物なのである。良き創造でありつつ同時に罪人であることのたとえとして、宗教改革者たちは水とインクの例を用いた。水は良き創造を、インクは罪を示す。そして罪人は数滴のインクが入った水なのである。グラスの中の水はすべて汚れているが、それでもほとんどはインクではなく水なのである。同様に私たちの良い行いはすべて罪によって汚れている。しかし、それでもほとんどは良い行いであり、良いもののふりをした悪ではないのである。」
13. Ｉコリント 15:9 でパウロは、「私は使徒の中では最も小さい者であり、神の教会を迫害したのですから、使徒と呼ばれるに値しない者です」(例：Ｉテモテ 1:13, 15「私は以前には、神を冒瀆する者、迫害する者、暴力をふるう者でした。…私はその罪人のかしらです」) と記している。このことは多くの人にパウロがブレイナードやトルストイのような自己評価をしていたと思わせた。しかし、これらの文章はおそらくパウロが以前ユダヤ教徒で

## 後 奏　汝は稲妻、そして愛

1. Frederick Buechner, *Speak What We Feel, Not What We Ought to Say: Reflections on Literature and Faith* (San Francisco: HarperSanFrancisco, 2004), 24. 以下の伝記的情報に関してはビークナーとロバート・マーティンの本に準拠している。Robert Bernard Martin, Gerard Manley Hopkins: A Very Private Life (New York: Putnam, 1991).
2. Buechner, *Speak What We Feel,* 23.
3. 同上 24. から引用。
4. 同上
5. Gerard Manley Hopkins, "I Wake and Feel"; all poems hereafter are cited by title and are taken from Gerard Manley Hopkins, H*opkins: Poems and Prose* (New York: Knopf, 1995).
6. "God's Grandeur."
7. "Spring and Fall: To a Young Child."
8. "I Wake and Feel."
9. "No Worst."
10. 同上
11. "To Seem the Stranger."
12. Buechner, *Speak What We Feel*, 23.
13. "The Wreck of the Deutschland," stanza 9.
14. "Carrion Comfort."
15. "In the Valley of the Elwy."
16. "The Lantern Out of Doors."
17. "That Nature Is a Heraclitean Fire and of the Comfort of the Resurrection."

## 第 3 章　神が与える栄誉

1. Michael O'Laughlin, *Henri Nouwen: His Life and Vision* (Maryknoll, N.Y.: Orbis, 2005), 85.
2. Dallas Willard, *The Divine Conspiracy: Rediscovering Our Hidden Life in God* (San Francisco: HarperSanFrancisco, 1997), 165.
3. 同上 164.
4. Robert W. Jenson, *Systematic Theology* (Oxford: Oxford University Press, 1999), 2:141.
5. この章に記された事柄のうちの多くについてより詳細な議論に

*Monasticism: What It Has to Say to Today's Church* (Grand Rapids: Brazos, 2008). 教会の伝統的な独身制と禁欲主義に関する歴史的考察に関しては Peter Brown, *The Body and Society: Men, Women, and Sexual Renunciation in Early Christianity* (20th anniv. ed.; New York: Columbia University Press, 2008) 参照。 しかし多くのゲイ・クリスチャンが、クリスチャンとしての忠実さを実践するためのこのような様々な「オプション」から脱落してしまうという現実についてもここで触れておく必要があるだろう。私の意見としては、教会は同性間の性行為を避けるための聖書的・神学的理由を説明し、ホモセクシャルなクリスチャンがその理想に生きることができるように助けることは続けるべきだと思う。しかし同時に、失敗した人々に対して継続的に繰り返し恵みと理解を示し続ける必要があるだろう。

7. 「個人的な旅」福音派ゲイ・クリスチャンの証し。 www.courage.org.uk/articles/article.asp?id=145 (accessed April 21, 2016).
8. Misty Irons, "'Immoral' and 'Faggot,'" からの引用。2007 年 5 月 19 日のブログ記事。 http://moremusingson.blogspot.com/2007/03/immoral-and-faggot.html.
9. Williams, "Body's Grace," 311–12.
10. J. Louis Martyn, *Galatians: A New Translation with Introduction and Commentary* (Anchor Bible 33A; New York: Doubleday, 1997), 381.
11. Henri J. M. Nouwen, *Sabbatical Journey: The Diary of His Final Year* (New York: Crossroad, 1998), 25.
12. Quoted in Agnieszka Tennant, "A Shrink Gets Stretched," *Christianity Today*, May 2003, www.christianitytoday.com/ct/2003/may/ 7.52.html.
13. Richard B. Hays, *The Moral Vision of the New Testament* (San Francisco: HarperSanFrancisco, 1996), 402.
14. Hafiz, "My Eyes So Soft," in *The Gift: Poems by Hafiz,* trans. Daniel Ladinsky (New York: Penguin, 1999), 277. Copyright ©1999 by Daniel Ladinsky. Used by permission of Daniel Ladinsky.
15. C. S. Lewis, *The Weight of Glory and Other Addresses* (New York: Macmillan, 1949), 11.
16. 同上 12.
17. Oliver O'Donovan, *Resurrection and Moral Order: An Outline for Evangelical Ethics* (Grand Rapids: Eerdmans, 1986), 70.

8. Nouwen, *Return of the Prodigal Son*, 73.
9. O'Laughlin, *Henri Nouwen*, 85 を参照。
10. Yancey, *Soul Survivor,* 301.
11. Ford, *Wounded Prophet*, 170.
12. Yancey, *Soul Survivor,* 302, 順番に若干の変更あり。
13. Ford, *Wounded Prophet*, 73, 92.
14. 同上 140.
15. 同上 142, 143.
16. 同上 73.
17. Henri Nouwen, *The Wounded Healer* (New York: Random House, 1979), 84.

第２章　孤独の終焉

1. Rowan Williams, "The Body's Grace," in *Theology and Sexuality: Classic and Contemporary Readings*, ed. Eugene F. Rogers Jr. (Oxford: Bla kwell, 2002), 313.
2. Wendell Berry, *Hannah Coulter: A Novel* (Washington, D.C.: Shoemaker & Hoard, 2004), 71.
3. 同上 109.
4. 同上 65.
5. Denis Haack, movie review of *Garden State*, www.ransom fellow ship .org/articledetail.asp?AID=114&B=Denis%20Haack &TID =2 (accessed April 21, 2016).
6. クリスチャンの中には、さらに踏み込んで、独身へのコミットメントがどのようなものかを体現している人々もいる。独身のゲイ・クリスチャンの中には、一人で生活するよりも、他の独身または既婚のクリスチャンとともに性的純潔を実践できる「意図的キリスト教共同体 (intentional Christian community)」に参加することを選ぶ人もいる。キリスト教の歴史の大半を通じて、キリスト教徒が独身の召しを受け取るときは、例えば修道会のような共同体の中でそれがなされることが大半だった。性的禁欲の生活に献身する人々は、このような選択は孤立した状態ではなく、他の人々と共に行うのが最善であり、また、共同体の礼拝のリズムや、互いの日々の必要を満たすというありふれた奉仕によって支えられるものであると認識していた。意図的なキリスト教共同体の考え方については、以下参照。Jonathan Wilson-Hartgrove, *New*

14. Stephen Neill, *A History of Christian Missions* (New York: Penguin, 1990), 86.
15. Quoted in Henri J. M. Nouwen, *Reaching Out: The Three Movements of the Spiritual Life* (Garden City, NY: Doubleday, 1975), 24.
16. Quoted in Lane Dennis, ed., *Letters of Francis A. Schaeffer* (Westchester, IL: Crossway, 1985), 195.
17. Philip Yancey, *The Jesus I Never Knew* (Grand Rapids: Zondervan, 1995), 274.
18. Wendell Berry, *Jayber Crow: The Life Story of Jayber Crow, Barber, of the Port William Membership, as Written by Himself* (New York: Counterpoint, 2000).
19. 同上 10.
20. 同上 248.
21. 同上 247.
22.C. S. Lewis, *Mere Christianity* (1943; repr., New York: HarperCollins, 2001), 142.
23. Karl Barth, *Church Dogmatics* III/2 (Edinburgh: T&T Clark, 1960), 43, italics added.
24. Walter Moberly, "The Use of Scripture in Contemporary Debate about Homosexuality," Theology 103 (2000): 254.
25. 同上 258.

間 奏　美しい傷跡

1. Henri J. M. Nouwen, *The Return of the Prodigal Son: A Story of Homecoming* (New York: Doubleday, 1992), 69–70, 71–72.
2. Michael Ford, *Wounded Prophet: A Portrait of Henri J. M. Nouwen* (New York: Doubleday, 2002), 157.
3. 同上 159; cf. Philip Yancey, *Soul Survivor: How My Faith Survived the Church* (New York: Doubleday, 2001), 314.
4. Henri J. M. Nouwen, *Adam: God's Beloved* (London: Darton, Longman and Todd, 1997), 38.
5. Yancey, *Soul Survivor*, 315.
6. Michael O'Laughlin, *Henri Nouwen: His Life and Vision* (Maryknoll, NY: Orbis, 2005), 85.
7. Henri Nouwen, *Gracias!: A Latin American Journal* (New York: Harper & Row, 1983), 131.

"Homosexuality." 教会の同性愛に対する伝統的な見解は現代教会や個人によって挑戦を受けている。（丁寧、かつエレガントに論じられた例として、Eugene Rogers, *Sexuality and the Christian Body: Their Way into the Triune God* [Oxford: Blackwell, 1999] 参照）しかし、ヘイズの章は聖書の字義通りの記述を真剣に捉えていることから、いまだに多くの教会の立場を反映している。

2. Congregation for the Doctrine of the Faith, Letter to the Bishops of the Catholic Church on the Pastoral Care of Homosexual Persons (October 1986), paragraph 7, http://www.vatican.va/roman_curia/congregations/cfaithfdocuments/rc_con_cfaith_doc_19861001_homosexual-persons_en.html.
   邦訳参考 https://lgbtandchristianity.wordpress.com/blog-feed/
3. John Piper, "Beliefs about Homosexual Behavior and Ministering to Homosexual Persons: Resolution Passed by the Baptist General Conference in Annual Meeting, Estes Park, Colorado" (June 27, 1992), http://www.desiringgod.org/ResourceLibrary/Articles/ByDate/1992/1499_Beliefs_about_Homosexual_Behavior_and_Ministering_to_Homosexual
4. George A. Lindbeck, *The Nature of Doctrine: Religion and Theology in a Postliberal Age* (Philadelphia: Westminster, 1984), 34.
5. 同上 35.
6. Scott Bader-Saye, "Living the Gospels: Morality and Politics," in *The Cambridge Companion to the Gospels*, ed. Stephen C. Barton (Cambridge: Cambridge University Press, 2006), 282 n. 14.
7. Hays, *Moral Vision of the New Testament,* 393.
8. Robert Jenson, "Dr. Jenson on what makes for a good bishop" (a letter written to the Right Reverend Stephen Bouman), http://www.freerepublic.com/ focus/freligion/ 1857394/posts.
9. John Webster, "The Church as Witnessing Community," *Scottish Bulletin of Evangelical Theology* 21 (2003): 22.
10. Frederick Buechner, *Wishful Thinking: A Seeker's ABC* (1973; repr., San Francisco: HarperSanFrancisco, 1993), 65.
11. Quoted in Hays, *Moral Vision of the New Testament*, 401.
12. Andrew F. Walls, *The Missionary Movement in Christian History* (Maryknoll, NY: Orbis, 1996), 8.
13. Hays, *Moral Vision of the New Testament,* 391–92.

《注》

## 導 入

1. 近年記された多くの本を参照。Stephen E. Fowl, *Engaging Scripture: A Model for Theological Interpretation* (Oxford: Blackwell, 1998); Jeffrey Heskins, *Face to Face: Gay and Lesbian Clergy on Holiness and Life Together* (Grand Rapids: Eerdmans, 2006); Sylvia C. Keesmaat, "Welcoming in the Gentiles: A Biblical Model for Decision Making," in *Living Together in the Church: Including Our Differences,* ed. Greig Dunn and Chris Ambidge (Toronto: Anglican Book Centre, 2004), 30–49.
2. J. I. Packer, "Why I Walked," *Christianity Today* 47 (January 21, 2003): 46.
3. Martin Hallett, "Homosexuality: Handicap and Gift," in *Holiness and Sexuality: Homosexuality in a Biblical Context,* ed. David Peterson (Carlisle, UK: Paternoster, 2004), 121.
4. 同上 130–31, 145.
5. C. S. Lewis, *The Weight of Glory and Other Addresses* (New York: Macmillan, 1949), 10.

## 前 奏　罪洗われ、待ち望む

1. Barbara Brown Taylor, *When God Is Silent* (Cambridge, MA: Cowley, 1998), 110.
2. Gordon Hugenberger, "Questions and Answers on Issues Related to Homosexuality and Same-Sex Marriage," June 15, 2004.
3. Richard Bewes, "The New Hampshire Decision: Statement from All Souls Church, Langham Place, London W1, November 2003," www.freerepublic.com/focus/f-religion/1029497/posts (accessed April 21, 2016).
4. Henri J. M. Nouwen, *The Return of the Prodigal Son: A Story of Homecoming* (New York: Doubleday, 1992), 14.
5. Rainer Maria Rilke, *Letters to a Young Poet* (New York: Norton, 1954), 34.

## 第１章　物語に形づくられる人生

1. 特にリチャード・ヘイズによる『新約聖書のモラルビジョン』の同性愛に関する章を参照。Richard B. Hays, *The Moral Vision of the New Testamen*t (San Francisco: HarperSanFrancisco, 1996), chapter 16,

**ウェスレー・ヒル**

ミシガン州ホランドのウェスタン神学校で准教授（新約聖書学)、米国聖公会司祭。英国のダラム大学で新約聖書の博士号（PhD）を取得。著書に *Washed and Waiting: Reflections on Christian Faithfulness and Homosexuality*（Zondervan, second edition 2016）, *Paul and the Trinity: Persons, Relations, and the Pauline Letters*（Eerdmans, 2015）, *Spiritual Friendship: Finding Love in the Church as a Celibate Gay Christian*（Brazos, 2015）, *The Lord's Prayer: A Guide to Praying to Our Father*（Lexham, 2019)。「コメント」誌の寄稿編集者であり、「クリスチャニティ・トゥデイ」誌、「リビング・チャーチ」誌などに定期的に寄稿している。

**岡谷和作（おかや・かずさ）**

1989年生まれ。早稲田大学卒。3年半IT企業で営業として働いた後、キリスト者学生会（KGK）の主事、お茶の水クリスチャン・センター宣教部として奉仕。その後2022年に米国トリニティ神学校修士課程卒業（MDiv, MA Systematic Theology)。現在、英国ダラム大学博士課程在籍中（PhD in Theology)。訳書に『LGBTと聖書の福音』（いのちのことば社)、『赦された者として赦す』（日本キリスト教団出版局)。

**罪洗われ、待ち望む** 神に忠実でありたいと願う ゲイ・クリスチャン 心の旅

2024年 3 月 20 日 発行

著 者 ウェスレー・ヒル
訳 者 岡谷 和作
印刷製本 日本ハイコム株式会社
発 行 いのちのことば社
〒164-0001 東京都中野区中野2-1-5
電話 03-5341-6923(編集)
03-5341-6920(営業)
FAX03-5341-6921
e-mail:support@wlpm.or.jp
http://www.wlpm.or.jp/


ISBN 978-4-264-04479-6